更好动员引领青年

为进一步全面深化改革、推进中国式现代化挺膺担当

国有企业
共青团工作实务

陈　聃◎编著

全面阐释团的工作

突出国企鲜明特色

海南出版社

·海口·

图书在版编目(CIP)数据

国有企业共青团工作实务 / 陈聃编著. --海口 : 海南出版社,2024. 12. --ISBN 978-7-5730-2208-0

Ⅰ. D297

中国国家版本馆 CIP 数据核字第 20243SP992 号

国有企业共青团工作实务

GUOYOU QIYE GONGQINGTUAN GONGZUO SHIWU

编　　著	陈　聃
责任编辑	张家顺
封面设计	于　杰
出版发行	海南出版社
地　　址	海口市金盘开发区建设三横路 2 号
邮　　编	570216
网　　址	http://www.hncbs.cn
开　　本	710 mm×1000 mm　1/16
印　　张	13
字　　数	200 千字
版　　次	2024 年 12 月第 1 版
印　　次	2024 年 12 月第 1 次印刷
经　　销	新华书店
印　　刷	三河市腾飞印务有限公司
书　　号	ISBN 978-7-5730-2208-0
定　　价	59.00 元

(本书如有印装质量问题,影响阅读,请直接与承印厂联系调换。电话:010-84254239)

前言

中国共产主义青年团在中国共产党的领导下走过了一百余年历程，赢得了青春荣光。一百余年来，共青团时刻牢记坚定不移跟党走、为党和人民奋斗的初心使命，始终坚持党的领导、坚守理想信念、投身民族复兴、扎根广大青年，在实践考验中塑造了立身之本、政治之魂、奋进之力、活力之源，团结带领一代又一代青年在中华民族伟大复兴的逐梦征途中建功立业，谱写了激昂青春乐章。党的十八大以来，习近平总书记高度重视共青团工作，着眼党的事业薪火相传、中华民族永续发展，殷切寄望青春、寄语青年，亲自主持召开党的历史上第一次中央党的群团工作会议，出席纪念五四运动一百周年大会、庆祝中国共产主义青年团成立一百周年大会等重要会议、重大活动，指导制定新中国历史上第一个青年发展规划、发布新时代中国青年发展状况白皮书，亲自谋划、亲自部署共青团改革，先后作出一系列重要指示批示，深入学校、企业、社区、农村、军营，同青年朋友亲切交流、提出期望，为新时代团的建设和工作指明了方向，推动党的青年工作取得历史性成就、发生历史性变革，推动共青团事业迈入新的历史阶段。

国有企业共青团工作，既有共青团工作的一般共性，又有基于国企特点的特殊性，特别是当前随着国有企业改革的深化，企业团组织的工作方向和方式方法也迎来了新的机遇和挑战。新形势下，国有企业团的工作如何适应新特点、探索新走向，是摆在国有企业及其团组织面前的一项重要任务。

本书从共青团知识概述入手，着重阐述共青团在国企发展中的地位和作用，国企团组织的基本职能、组织建设、品牌活动、特色活动，国企团干部的培养与胜任力，新时代新征程共青团工作的创新发展等，内容详实、深入浅出，将近年来国企共青团工作实践一线的创新思路和实践经验尽数展现在读者面前，希望能对广大读者有较大的帮助！

目　录

第六章　国有企业共青团特色活动

第七章　国有企业共青团干部的培养与胜任力

第八章　新时代新征程共青团工作的创新发展

附　录

第一章　共青团知识概述

《中国共产主义青年团章程》在“总则”中开宗明义地指出：“中国共产主义青年团是中国共产党领导的先进青年的群团组织，是广大青年在实践中学习中国特色社会主义和共产主义的学校，是中国共产党的助手和后备军。”字不多，但简明扼要，中国共产主义青年团的性质一目了然。

第一节　共青团组织的发展历程

中国共产主义青年团（以下简称共青团）是中国共产党领导的先进青年的群团组织，成立于1922年5月5日。其历史可以追溯到中国共产党成立之前，当时各地共产主义者在创建党的早期组织——共产主义小组的过程中，为了广泛团结进步青年、培育党的后备力量，酝酿建立中国的青年团组织。1921年7月，中国共产党正式成立后，立即着手领导正式创建中国社会主义青年团。

一、共青团组织的诞生

1920年8月22日，中国第一个共产主义性质的青年团组织——上海社会主义青年团正式成立。上海社会主义青年团成立最早，且积极指导其他地方团组织的建立与发展工作。1921年，中国共产党诞生。中国共产党的指导、帮助和关怀推动了建团工作。

（一）准备阶段——五四运动及其影响

1840年鸦片战争后，中国逐渐由封建社会沦为半殖民地半封建社会，无数仁人志士为探索救国救民的道路而不懈奋斗。1919年5月4日，以巴黎和会上中国外交的失败为导火索，中国爆发了以青年学生为主体的大规模反帝反封建运动，这就是震惊中外的五四运动。五四运动推动了新思想和新文化的传播，有关社会主义思想的书籍刊物大量涌现，社会主义思想在青年群体中得到广泛传播，影响力不断扩大，这为后来共青团的创立奠定了思想基础。五四运动也使青年社团有了新的发展，特别是以社会主义为宗旨的青年社团纷纷涌现，这为以后共青团的成立奠定了组织基础。

（二）成立前期——各地青年团早期组织的大量涌现

1920 年 8 月，在上海共产主义小组成立后，陈独秀派遣小组内的俞秀松组建社会主义青年团。8 月 22 日，在俞秀松、施存统等人的努力下，上海社会主义青年团正式建立，俞秀松担任青年团书记，团的机关就设在当时上海法租界的霞飞路新渔阳里 6 号（今淮海中路 567 弄 6 号）。为了联系和团结广大进步青年，上海共产党组织和青年团组织在这里开办了第一所培养青年革命者的学校——外国语学社，并从它的学员中发展青年团员。后来成为中国共产党第一代领导集体成员的刘少奇、任弼时两人的革命征程就是从这里起步的。在上海青年团的早期组织成立之后，1920 年秋至 1921 年春，北京、武汉、广州和长沙等地的革命青年分别在李大钊、董必武、谭平山和毛泽东同志等人的组织领导下，建立了社会主义青年团的早期组织。

1921 年 7 月，中国共产党正式成立。在中国共产党的指导和帮助下，各地的建团工作迅速启动。1921 年 11 月到 1922 年 5 月，全国共有 17 个城市建立了地方青年团组织，团员总数多达 5000 余人。

（三）中国共青团组织的正式成立

1922 年 5 月 5 日，在中国共产党和共产国际的关怀和指导下，中国社会主义青年团第一次全国代表大会在广州隆重开幕，出席会议开幕式的代表和来宾总人数达 1500 多人。中共领导人陈独秀、青年共产国际代表达林在开幕式上发表了演说。大会共开了 6 天，举行了 8 次会议，于 5 月 10 日顺利闭幕。会议完成了青年团的创建工作，通过了《中国社会主义青年团纲领》和《中国社会主义青年团章程》，并且一致决议中国社会主义青年团加入青年共产国际。会议选举高尚德（高君宇）、方国昌（施存统）、张椿年（张太雷）、蔡和森、俞秀松 5 人为团中央执行委员会委员，方国昌被团中央执行委员会推选为书记。至此，中国的青年团组织实现了思想和组织上的完全统一，中国的青年运动从此有了自己的核心。

二、共青团组织的发展

团组织成立后，先后为新中国的成立、社会主义革命和建设、改革开放和社会主义现代化建设事业作出了重大贡献。团组织的名称也历经了三次变化，从社会主义青年团到新民主主义青年团，再到中国共产主义青年团，团组织紧跟党的步伐，服从党的要求和国家不同时期的任务需要，积极发挥自身作用，为国家独立和现代化建设贡献自己的力量。

（一）为新中国的建立而奋斗

新民主主义革命时期，党面临的主要任务是，反对帝国主义、封建主义、官僚资本主义，争取民族独立、人民解放，为实现中华民族伟大复兴创造根本社会条件。围绕这一中心任务，团组织坚持用马克思主义启迪青年、用革命理想感召青年、用党的旗帜凝聚青年，团结带领广大团员青年踊跃投身反帝反封建斗争，为建立新中国冲锋陷阵、抛洒热血。团组织经受住了血与火的洗礼、生与死的考验，从政治上、思想上、组织上鲜明确立了毫不动摇坚持党的领导这一根本原则，在斗争实践中一步步走向成熟。

1. 土地革命时期——社会主义青年团时期（团的二大至五大）

团的一大召开之时，正值中国工人运动形成第一次高潮。青年团正式成立后，各地负责人立即带领各地的团员和青年积极投身工人运动。在安源路矿工人罢工和二七大罢工中，青年团员在李立三、刘少奇等人的领导下始终站在斗争队伍的前列。

1923 年 8 月 20 日—25 日，中国社会主义青年团在南京召开了第二次全国代表大会。大会明确宣布，坚决拥护中共三大所确定的建立革命统一战线的方针。大会闭幕后，青年团在党的领导下一方面积极带领团员和青年帮助国民党做改组工作，另一方面则选派优秀团员和青年共产党员到黄埔军校学习。1924年6月，黄埔军校第一期开学。据不完全统计，第一期黄埔军校学员中有共产党员和青年团员五六十人，约占学员总数的1/10。

1925年1月26日—30日，中国社会主义青年团在上海召开第三次全国代表大会。这次会议在认真总结团二大闭幕以来17个月工作的基础上，根据中国革命形势和任务的要求，将中国社会主义青年团改名为中国共产主义青年团，确定了团的工作任务，依照新的团章选举产生了共青团第三届中央执行委员会，张太雷同志当选为团中央总书记。共青团三大闭幕不久，以五卅运动为发端的大革命高潮迅速形成，轰轰烈烈的大革命随之拉开序幕。各地青年团员同工人群众站在一起，以各种形式积极投身于革命浪潮之中。1926年5月，北伐战争拉开帷幕，以共产党员和共青团员为骨干的叶挺独立团先行出征，在战争中立下赫赫功勋。各地共青团组织带领广大青年踊跃参军，支持北伐战争，谱写了中国青年运动史上的新篇章。

1927年4月12日，以蒋介石为代表的国民党右派在上海发动了反革命政变。国民党右派和反动军阀大规模捕杀共产党员、共青团员和革命群众。在极其危险的形势下，中国共产主义青年团于同年5月在武汉召开了第四次全国代表大会。大会严厉谴责了蒋介石叛变革命的罪行，宣布坚定不移地做中国共产党的忠实助手，为中国革命而奋斗。在中国革命面临危机的紧要关头，中国共产主义青年团没有被反动派的屠杀所吓倒，仍然坚持在中国共产党的领导下投身革命斗争。

为贯彻党的八七会议和中共六大精神，中国共产主义青年团于1928年7月12日—16日在苏联莫斯科召开了第五次全国代表大会。大会决定全团要坚决贯彻党在八七会议上确定的总方针，团结广大青年，参加革命武装，为建立工农政权而奋斗。

2. 抗日战争时期——化整为零，抗击日寇

1935 年，日寇开始将侵略的魔爪伸向华北，华北危急，平津危急！为适应抗日需要，团结广大青年，中共中央要求共青团对自身组织实行根本性的改造，把共青团由无产阶级先进青年组织改造成为抗日青年的群众组织。共青团响应党中央号召，并以团员为骨干在各地筹建抗日救国团体，如青年抗日先锋队、抗日青年队、青年游击小组等。他们配合正规部队积极开展游击战，沉重打击了日本侵略者。

3. 解放战争时期——更名为新民主主义青年团

抗日战争胜利后，党中央为适应解放战争的需要，于 1946 年要求建立一个统一的、全国性的青年团组织。1949 年元旦，中共中央正式发出《关于建立新民主主义青年团的决议》，同时还公布了《中国新民主主义青年团团章（草案）》。1949 年 4 月 11 日—18 日，中国新民主主义青年团第一次全国代表大会在刚刚解放不久的北平隆重举行。中国新民主主义青年团一大的召开，标志着中国青年运动又有了自己的领导核心，这就为中国青年运动进入新的历史发展时期奠定了基础。

（二）为建设社会主义而奉献

新中国成立后，青年团根据我国国情的变化，提出建设社会主义和巩固人民民主专政的工作任务，团结带领广大青年为保家卫国、建设社会主义作出自己的贡献。

1. 新中国成立初期——抗美援朝、保家卫国

1950 年，朝鲜战争爆发，全国的团员青年纷纷响应党中央发出的“抗美援朝，保家卫国”的号召，踊跃参军，同朝鲜人民一起浴血奋战。在全国青年的共同努力下，经过三年艰苦卓绝的斗争，1953 年中美正式签署《朝鲜战争停战协议》，中国取得了抗美援朝战争的全面胜利。

2. 全面建设社会主义时期——更名为中国共产主义青年团

1953 年 6 月 23 日—7 月 2 日，中国新民主主义青年团在北京召开了

第二次全国代表大会。大会讨论并通过了胡耀邦同志作的题为《团结全国青年在建设伟大祖国的行列中奋勇前进》的工作报告。报告要求团员和青年努力学习，忘我劳动，为建设社会主义社会而奋斗。

1957年，在完成社会主义改造和中共八大胜利召开的新形势下，青年团于5月15日—25日在北京召开了中国新民主主义青年团第三次全国代表大会。大会听取、讨论和通过了由胡耀邦同志所作的题为《团结全国青年建设社会主义的新中国》的工作报告，修改了团的章程。大会一致通过了《关于将中国新民主主义青年团改名为中国共产主义青年团的决议》，将青年团的名称正式确定为中国共产主义青年团。

1964年6月11日—29日，中国共产主义青年团第九次全国代表大会在北京举行。这次大会提出在社会主义时期全国青年所面临的最重要的历史任务就是要把我国建设成为具有现代农业、现代工业、现代国防和现代科学技术的社会主义强国，号召全国青年为此而努力。

3.“文革”时期——团工作的停顿与恢复

“文化大革命”开始后，共青团的各级组织都被完全停止了活动，工作机构均被破坏殆尽，工作陷入了停顿。1978年10月16日—26日，中国共产主义青年团第十次全国代表大会在北京召开。大会选举了新的中央委员会，共青团的工作逐渐恢复。

这一时期，共青团在党中央的带领下，同全国广大青年一起保家卫国，共同建设社会主义，为新时代团的建设和青年运动积累了宝贵经验。

(三)为改革开放和现代化建设而拼搏

改革开放后，党面临的主要任务是，继续探索中国建设社会主义的正确道路，解放和发展社会生产力，使人民摆脱贫困、尽快富裕起来，为实现中华民族伟大复兴提供充满新的活力的体制保证和快速发展的物质条件。围绕这一中心任务，共青团解放思想、锐意进取，团结带领广大青年发出团结起来、振兴中华的时代强音，为祖国繁荣富强开拓奋进、锐意创新。

1. 共青团工作的恢复和调整时期(团的十一大至十二大)

1978年12月，具有重大历史转折意义的党的十一届三中全会在北京胜利召开，社会主义建设进入了新阶段。共青团紧跟党的步伐，提出了“以四化为中心，全面活跃团的工作”的指导思想。

1982年9月，党的十二大向全国人民发出了“开创社会主义现代化建设新局面”的号召，指出了建设有中国特色社会主义的道路。为了贯彻落实党的十二大会议精神，共青团于1982年12月20日—30日召开了第十一次全国代表大会，动员全团和全国青年响应党的召唤，积极投身改革开放和社会主义现代化建设的伟大实践。

1988年5月4日—8日，共青团为了全面贯彻和落实中共十三大精神，在北京召开了中国共产主义青年团第十二次全国代表大会。大会明确提出了新形势下共青团工作的指导思想，通过了《中国共产主义青年团第十二次全国代表大会关于第十一届中央委员会工作报告的决议》、《中国共产主义青年团章程部分条文修正案》和《关于实行团员证的决议》，确定歌曲《光荣啊，中国共青团》为中国共青团代团歌，选举产生了共青团第十二届中央委员会。在团的十二大之后，共青团紧紧围绕着深化改革、发展经济的中心工作，开展了多项活动，如“五小”活动、“争当新长征突击手”活动、“青年星火带头人”活动、培养“四有新人”活动等。这些活动促进了城乡经济的发展，树立了道德新风。

2. 共青团新时期的工作步入正轨——响应号召、明确任务(团的十三大至十四大)

为了贯彻中共十四大会议精神，中国共产主义青年团第十三次全国代表大会于1993年5月3日—10日在北京隆重召开。会议通过了李克强同志所作的题为《高举建设有中国特色社会主义的伟大旗帜，团结带领各族青年为加快改革开放和现代化建设而奋斗》的工作报告。这个报告系统总结了改革开放15年来中国青年运动取得的显著成就和基本经验，阐述了当代青年在跨世纪发展中所肩负的历史责任，明确提出了共青团现阶段的主要工作任务。

为了全面贯彻和落实党的十五大提出的各项任务，中国共产主义青年团于1998年6月19日在北京隆重召开了第十四次全国代表大会。大会在全面回顾和总结共青团十三大以来的工作后指出：在跨跃世纪的新征途中，共青团的主要任务是“深入贯彻落实党的十五大精神，高举邓小平理论的伟大旗帜，坚持党的基本路线，紧紧围绕经济建设这个中心，自觉服从服务于改革、发展、稳定的大局，继续深化跨世纪青年文明工程、跨世纪青年人才工程和服务万村行动，努力开拓新的工作领域，团结带领广大青年坚定信念、发愤学习、锐意创造、自觉奉献，在建设有中国特色社会主义事业中充分发挥生力军作用，为实现跨世纪宏伟目标而奋斗，努力把青年培养成为有理想、有道德、有文化、有纪律的社会主义新人”。

1998年12月，团中央召开了共青团十四届二中全会，会议审议并通过了《共青团工作跨世纪发展纲要》。根据党的十五大精神和团十四大确定的主要任务，《共青团工作跨世纪发展纲要》提出了共青团工作跨世纪发展的总体目标和基本任务。同时，还强调指出共青团在实现跨世纪发展中，必须根据世纪之交经济、社会、科技发展的要求和青少年成长成才的需要，着力构建青少年工作体系。主要包括：青少年组织体系、青少年服务体系、青少年参与体系、青少年信息网络体系。

3. 开创共青团新世纪工作的新局面——明确职能、服务广大青年（团的十五大至十六大）

为了深入贯彻和落实党的十六大精神，中国共产主义青年团于2003年7月在北京召开第十五次全国代表大会。吴官正代表党中央发表了题为《在全面建设小康社会的伟大实践中谱写新的青春乐章》的祝词。团中央书记处第一书记周强作了题为《在“三个代表”重要思想指引下团结带领广大青年为全面建设小康社会而努力奋斗》的工作报告。

2008年6月10日上午，中国共产主义青年团第十六次全国代表大会在人民大会堂隆重开幕。胡锦涛等党和国家领导人到会祝贺。陆昊代表共青团第十五届中央委员会作了题为《高举中国特色社会主义伟大旗帜 团结带领广大青年为夺取全面建设小康社会新胜利而奋斗》的报告。报告分为八个部分：过去五年的工作；改革开放进程中的中国青年；新时期共青团的光荣职责；组织动员青年为全面建设小康社会作贡献；用社会主义核心价值体系教育引导青年；把服务青年工作提高到一个新水平；代表和维护好青少年的合法权益；以改革创新精神推进团的建设。

以团的十六大为标志，共青团坚持在工作中与时俱进，在继承中创新，在探索中前进，带领广大青年不断前进，促进青年发展。此外，团的工作思路、工作方式和自身建设都有了新的发展进步。

4.谱写青春篇章，努力实现中国梦——团的十七大

2013年6月17日，中国共产主义青年团第十七次全国代表大会在北京人民大会堂隆重开幕。习近平等党和国家领导人到会祝贺，刘云山代表党中央发表了题为《在实现中国梦的伟大实践中谱写壮丽的青春篇章》的祝词。此次会议的主题是：高举中国特色社会主义伟大旗帜，以邓小平理论、“三个代表”重要思想和科学发展观为指导，深入学习贯彻党的十八大精神，坚定信念，牢记使命，脚踏实地，锐意进取，团结带领广大团员青年满怀信心地紧跟着党，为全面建成小康社会、加快推进社会主义现代化、实现中华民族伟大复兴的中国梦而奋斗。秦宜智代表团十六届中央委员会作了题为《高举团旗跟党走 奋力实现中国梦》的报告。报告指出，党的奋斗目标和当代青年的历史使命决定了共青团的光

荣责任。报告作出了为实现中华民族伟大复兴的中国梦而奋斗是中国青年运动的时代主题的论述。报告强调，共青团要围绕这一主题创造新的时代业绩，必须牢牢把握八个基本要求：必须始终坚持党的领导；必须始终坚持围绕中心、服务大局；必须始终坚持发挥优势、凝心聚力；必须始终坚持以人为本、融入青年；必须始终坚持强基固本、狠抓基层；必须始终坚持改革创新、锐意进取；必须始终坚持勤奋学习、提高本领；必须始终坚持脚踏实地、埋头苦干。

5.乘新时代东风 放飞青春梦想——团的十八大

共青团第十八次全国代表大会于2018年6月26日上午在北京人民大会堂开幕。习近平等党和国家领导人到会祝贺。1500多名来自全国各地的团十八大代表，肩负着8100多万共青团员的重托出席大会。

王沪宁代表党中央发表了题为《乘新时代东风 放飞青春梦想》的致词。他在致词中说，在以习近平同志为核心的党中央坚强领导下，团十七大以来，共青团提高政治站位、增强“四个意识”，坚决维护以习近平同志为核心的党中央权威和集中统一领导，锐意进取、真抓实干，深入推进共青团改革，狠抓从严治团，各项工作实现新发展，团干部团员面貌呈现新气象。广大青年自觉把个人奋斗融入党和人民的共同奋斗中，展现出当代青年爱党爱国的坚定信念、勇于创造的生机活力、甘于奉献的优良品格、自信开放的国际形象。王沪宁表示，习近平总书记关于青年工作的重要思想，为做好新时代党的青年工作指明了前进方向。实现党的十九大提出的决胜全面建成小康社会、开启全面建设社会主义现代化国家新征程的宏伟蓝图，当代青年重任在肩。希望广大青年牢记习近平总书记的谆谆教诲，始终坚定理想信念，着力锤炼高尚品格，不断增长能力才干，永远保持奋斗精神，勇于投身创新创造，勇当实现中华民族伟大复兴的生力军，奏响新时代的青春之歌。

贺军科代表共青团第十七届中央委员会作了题为《高举习近平新时

代中国特色社会主义思想伟大旗帜 奋力谱写决胜全面建成小康社会 全面建设社会主义现代化国家的壮丽青春篇章》的报告。报告分为8个部分：进入新时代的中国青年和共青团；强国时代青年的历史使命；用习近平新时代中国特色社会主义思想统领共青团工作；培养担当民族复兴大任的时代新人；青春建功新时代；大力促进青年发展；共青团改革再出发；全面从严治团。

6.在新征程上书写壮丽青春篇章——团的十九大

共青团第十九次全国代表大会于2023年6月19日上午在北京人民大会堂开幕。习近平等党和国家领导人到会祝贺。近1500名来自全国各地的团十九大代表，肩负着7300多万共青团员的重托出席大会。

蔡奇代表党中央发表了题为《在强国建设民族复兴新征程上书写壮丽青春篇章》的致词。他在致词中说，在党中央坚强领导下，团十八大以来，共青团坚持以习近平新时代中国特色社会主义思想为指导，认真贯彻习近平总书记关于青年工作的重要思想，全面从严管团治团，团的政治性、先进性、群众性不断增强，引领力、组织力、服务力不断提升。广大团员和青年听从党和人民的召唤，用青春的激情奏响了“清澈的爱、只为中国”的时代强音，用青春的行动践行了“请党放心、强国有我”的铮铮誓言。

阿东代表共青团第十八届中央委员会作了题为《在习近平新时代中国特色社会主义思想指引下 动员引领广大青年为全面建设社会主义现代化国家而团结奋斗》的报告。报告分为10个部分：在革命性磨砺中奋进的中国共青团；新时代中国青年的使命担当；用习近平新时代中国特色社会主义思想统领共青团工作；大力加强青年思想政治引领；组织青年争当中国式现代化建设的生力军；竭诚服务青年成长发展；巩固和扩大青年爱国统一战线；汇聚起构建人类命运共同体的青春力量；纵深推进共青团改革；坚定不移全面从严治团。

大会于22日上午在人民大会堂闭幕。会议选举产生了由170名委员、129名候补委员组成的共青团十九届中央委员会。大会通过了关于《中国共产主义青年团章程（修正案）》的决议。大会一致同意把深刻领悟"两个确立"的决定性意义写入团章。大会认为，对标党章修改和党的要求，同团章总则部分修改相衔接，总结吸收近年来共青团建设和改革中的成熟实践经验，对团章部分条文适当修改很有必要。

大会号召，全团要更加紧密地团结在以习近平同志为核心的党中央周围，高举中国特色社会主义伟大旗帜，在习近平新时代中国特色社会主义思想指引下，团结带领广大青年踔厉奋发、勇毅前行，为强国建设、民族复兴伟业团结奋斗，在全面建设社会主义现代化国家的新征程上唱响更为嘹亮激越的青春之歌，在全面推进中华民族伟大复兴的历史进程中书写更为绚丽夺目的青春篇章！

7.学习贯彻党的二十届三中全会精神——共青团十九届三中全会召开

中国共产主义青年团第十九届中央委员会第三次全体会议，于2024年8月30日至31日在北京举行。全会深入学习宣传贯彻党的二十届三中全会精神，贯彻落实习近平总书记关于青年工作的重要思想特别是在同团中央新一届领导班子集体谈话时的重要讲话精神，听取和讨论了阿东受团中央书记处委托所作的工作报告，审议通过了《共青团中央关于认真学习宣传贯彻党的二十届三中全会精神 奋力书写为中国式现代化挺膺担当青春篇章的决定》《中国共产主义青年团中央委员会工作条例》《中国共产主义青年团纪律处分条例（试行）》《新时代新征程共青团宣传思想文化发展规划纲要（2024—2029）》。

全会认为，党的二十届三中全会是在以中国式现代化全面推进强国建设、民族复兴伟业的关键时期召开的一次十分重要的会议，系统擘画了进一步全面深化改革、推进中国式现代化的宏伟蓝图，对于激励包括亿万青年在内的全党全国各族人民奋力投身中国式现代化建设具有重大而深远的意义。《中共中央关于进一步全面深化改革、推进中国式现代化的决定》谋的是强国复兴伟业，布的是推进中国式现代化大局，立的是党长期执政、国家长治久安之基，是党的历史上又一重要纲领性文献。全团要把学习宣传贯彻党的二十届三中全会精神特别是习近平总书记关于全面深化改革的一系列新思想、新观点、新论断作为重大政治任务，深刻领悟“两个确立”的决定性意义，不断增强“四个意识”、坚定“四个自信”、做到“两个维护”，准确把握党中央进一步全面深化改革战略部署对共青团和青年工作提出的时代要求，聚焦新时代新征程党的中心任务，最广泛地把青年团结起来、组织起来、动员起来，为推进强国建设、民族复兴伟业汇聚磅礴青春力量。

全会充分肯定团十九届二中全会以来团中央书记处的工作。一致认为，团中央书记处坚持以习近平新时代中国特色社会主义思想为指导，全面贯彻落实党的二十大和二十届二中、三中全会精神，扎实开展学习贯彻习近平新时代中国特色社会主义思想主题教育，开展党纪学习教育，开展团员和青年主题教育，加强思想政治引领，主动服务“国之大者”，扎实促进青年发展，巩固深化改革成果，全面从严管团治团，团结引领广大团员和青年坚定不移听党话、跟党走，各项工作和建设实现了新发展。

全会认为，制定《共青团中央关于认真学习宣传贯彻党的二十届三中全会精神 奋力书写为中国式现代化挺膺担当青春篇章的决定》，对共青团改革和建设实践中形成的经验做法加以提炼固化、对探索的工作方向和重要举措加以细化，是全面贯彻落实党的二十届三中全会精神的重要举措，有利于更好把握团的根本任务、政治责任、工作主线，有利于更好成为引领青年思想进步的政治学校、组织青年永久奋斗的先锋力量、党联系青年最为牢固的桥梁纽带、紧跟党走在时代前列的先进组织。全团必须把思想和行动统一到习近平总书记重要要求和党中央决策部署上来，着力推动共青团和青年工作体制机制更加优化、制度体系更加完善、理念方法更加先进，团的政治性、先进性、群众性持续增强，引领力、组织力、服务力不断提升，广大青年的生力军和突击队作用有效激发，共青团的助手和后备军定位有力彰显，为党和国家事业作出新的更大贡献。

全会强调，要完善政治引领工作机制，强化青年理论武装工作体系，推动青少年理想信念教育常态化制度化，健全党、团、队一体化育人链条，创新共青团宣传工作体系，不断夯实青少年紧跟党投身中国式现代化伟大征程的思想根基。要完善组织动员工作机制，组织青年投身构建高水平社会主义市场经济体制、推动经济高质量发展，投身科教兴国战略、人才强国战略、创新驱动发展战略实施，投身发展全过程人民民主、建设社会主义法治国家，投身建设社会主义文化强国，投身建设美丽中国，投身建设更高水平平安中国，投身卫国戍边，投身巩固扩大爱国统一战线，投身推动构建人类命运共同体，更好动员引领青年为进一步全面深化改革、推进中国式现代化挺膺担当。要完善服务青年工作机制，推动完善在党的领导下各部门齐抓共管青年发展事业的工作格局，深入实施中长期青年发展规划，深化拓展青年发展型城市建设，用心用情用力解决青少年急难愁盼问题，以促进青年高质量发展为中国式现代化提供有力支撑。要完善团的组织体系和运行机制，巩固拓展夯实基层基础的制度机制，优化团的运行机制和工作方式，完善团的干部选育机制，增强团组织政治功能、组织功能、服务功能，更好适应国家治理体系和治理能力现代化要求。

全会强调，要深入贯彻习近平总书记关于党的建设的重要思想，全面加强党的领导和党的建设，健全完善坚持党的全面领导的制度机制，落实全面从严治党主体责任，为共青团事业发展提供坚强政治保证；进一步规范和加强团中央委员会自身建设，完善团中央委员会坚持党的领导、工作运行、委员履职等制度机制，促进委员发挥带头作用。要深入贯彻习近平总书记关于党的自我革命的重要思想，纵深推进全面从严管团治团，从严从实加强团干部和团员队伍建设，加强团的纪律执行，推动全团坚持严的基调、严的措施、严的氛围，保持应有的清澈和纯粹；树立和践行正确政绩观，建立健全整治形式主义为基层减负工作机制。

全会强调，要深入贯彻习近平文化思想，加强新时代新征程共青团宣传思想文化工作，坚持不懈用党的创新理论武装全团、教育青年，巩固拓展团员和青年主题教育成果，深入推进青少年社会主义核心价值观培育践行，积极参与学校“大思政课”建设，切实落实党的意识形态工作责任制，巩固壮大奋进新时代的主流思想舆论，引领广大青年传承中华文脉、赓续红色血脉，为党培养更多堪当民族复兴重任的时代新人。

全会号召，全团要更加紧密地团结在以习近平同志为核心的党中央周围，自觉用党中央精神统一思想、统一意志、统一行动，牢记初心使命，坚持守正创新，勇于担当作为，动员引领广大团员和青年争做有理想、敢担当、能吃苦、肯奋斗的新时代好青年，在推进强国建设、民族复兴伟业中展现青春作为、彰显青春风采、贡献青春力量，奋力书写为中国式现代化挺膺担当的青春篇章！

纵观共青团的光辉发展历程，我们不难看出共青团自诞生的那一刻起就一直是中国共产党的助手和后备军，是广大青年的优秀带领者。它在不同的历史时期都积极响应党的号召，为新中国的建立和社会主义建设作出了卓越的贡献。新时代新征程，共青团在中国共产党的带领下也必定能够直面挑战，不断开拓创新，为国家的发展进步和青年的全面提升作出自己的贡献。

第二节　共青团工作的指导思想

马克思列宁主义、毛泽东思想、邓小平理论、“三个代表”重要思想、科学发展观、习近平新时代中国特色社会主义思想，是新时代共青团工作的指导思想，是马克思主义青年观的灵魂。

一、马克思主义青年观

青少年是人类社会中的一个重要群体，是国家和民族的希望之所在。古往今来，大凡具有远见卓识的思想家和革命家们都看到了青年的重要作用，他们无一不关注青年问题。作为无产阶级革命导师的马克思、恩格斯也不例外。在他们的经典著作中，留下了许多关于青年问题的论述，提出了很多深刻的见解，这些论述和见解就形成了马克思主义青年观。具体来说，马克思主义青年观包括以下三个方面的内容。

(一)青年应具有崇高的职业理想,要为人类的幸福而工作

怀有崇高职业理想、为人类幸福而工作，是马克思主义人生观的重要内涵。

1835 年，马克思在《青年在选择职业时的考虑》一文中指出：“如果我们选择了最能为人类而工作的职业，那么，重担就不能把我们压倒，因为这是为大家作出的牺牲；那时我们所享受的就不是可怜的、有限的、自私的乐趣，我们的幸福将属于千百万人，我们的事业将悄然无声地存在下去，但是它会永远发挥作用，而面对我们的骨灰，高尚的人们将洒下热泪。”①在这里，马克思提出了青年在选择职业时应树立崇高的

① 《马克思恩格斯全集》(第一卷)，人民出版社 1995 年版，第 459、460 页。

职业理想，把人类的幸福和自我完善作为选择职业时所遵循的主要原则。

(二)社会应当保护青少年利益，重视青少年教育，并使青少年全面发展

马克思认为，社会应当保护青少年利益。1866 年 8 月，马克思在《给临时中央委员会代表的关于若干问题的指示》一文中谈及“男女少年和儿童的劳动”时指出：“应该把他们分为三类，分别对待：第一类 9—12 岁，第二类 13—15 岁，第三类 16—17 岁。我们建议法律把他们在任何工厂或家庭里的劳动时间限制如下：第一类 2 小时，第二类 4 小时，第三类 6 小时。第三类至少必须有 1 小时的吃饭或休息的间歇时间。”①从这些内容足以看出马克思非常关注青少年的健康成长，积极倡导社会采取措施切实保障青少年的利益。

除了保护青少年利益外，马克思、恩格斯还特别强调社会应重视青少年教育，促进青少年全面发展，明确主张对一切儿童实行公共的和免费的教育，把教育同物质生产结合起来。在他们看来，教育可以使人摆脱因为分工所造成的个人的片面性。

在《共产党宣言》中，马克思、恩格斯也指出：“代替那存在着阶级和阶级对立的资产阶级旧社会的，将是这样一个联合体，在那里，每个人的自由发展是一切人的自由发展的条件。”②从这段话可以看出，马克思、恩格斯认为人的全面发展既是消灭阶级差别的前提条件，也是未来社会的重要特征。

马克思和恩格斯的这些促进青年全面发展的思想工作方针，一直指导着后来社会的人们开展青年工作和教育工作。

---

① 《马克思恩格斯全集》(第二十一卷)，人民出版社 2003 年版，第 269 页。

② 《马克思恩格斯文集》(第二卷)，人民出版社 2009 年版，第 53 页。

（三）青年是革命事业和人类未来的希望，人类的未来取决于青年

马克思在《给临时中央委员会代表的关于若干问题的指示》一文中写道，“如果资产阶级和贵族忽视他们对自己后代应尽的责任，那是他们的过错。分享这些阶级的特权的孩子们注定要受他们的偏见的毒害。”“工人阶级的情况就完全不同了……工人阶级中比较先进的那部分人则完全懂得，他们阶级的未来，因而也是人类的未来，完全取决于新一代工人的成长。”“从这一点出发，我们说，父母或雇主令未成年人劳动而不同时使其受教育，是决不能允许的。”①马克思站在唯物史观的角度，深刻揭示了青年在社会发展中的作用，指出未来的革命事业和人类的未来将完全取决于青年。

1893年12月，恩格斯在《致国际社会主义者大学生代表大会》一信中写道：“希望你们的努力将获得成功，能使大学生们意识到，从他们的行列中应该产生出脑力劳动无产阶级，它的使命是在即将来临的革命中同自己从事体力劳动的工人兄弟在一个队伍里肩并肩地发挥重要作用。”②这里，恩格斯看到了知识青年在社会革命中的重大作用，同时也对他们寄予了很大的希望。

二、马克思主义青年观在中国的发展

马克思主义青年观传入我国后，中国的无产阶级革命家根据不同历史时期的时代特征和社会实践，将马克思主义青年观与中国具体实际相结合，不断对其进行丰富和发展，形成了新的理论。这些理论已经成为中国特色社会主义理论的重要组成部分，对我国的青年、青年运动和青年工作有着重要的指导作用。

（一）新民主主义革命时期、社会主义革命和建设时期毛泽东同志的

① 《马克思恩格斯全集》（第二十一卷），人民出版社2003年版，第270页。

② 《马克思恩格斯文集》（第四卷），人民出版社2009年版，第446页。

青年观

毛泽东同志的青年观是在马克思主义经典作家的影响下，在中国的新民主主义革命、社会主义革命和建设的实践中逐步形成的。这里面既有毛泽东同志个人的独特贡献，也蕴含着这一时期中国共产党人的集体智慧。

1939 年 5 月 4 日，毛泽东同志在《青年运动的方向》一文中首次以反问的方式谈论青年的作用："'五四'以来，中国青年们起了什么作用呢？起了某种先锋队的作用，这是全国除开顽固分子以外，一切的人都承认的。什么叫做先锋队的作用？就是带头作用，就是站在革命队伍的前头。"①

1957 年 11 月 17 日，毛泽东同志在莫斯科大学，面对我国留学苏联的数千名学子，发表了"希望寄托在你们身上"的著名讲话，他指出："世界是你们的，也是我们的，但是归根结底是你们的。你们青年人朝气蓬勃，正在兴旺时期，好像早晨八九点钟的太阳。希望寄托在你们身上。"

毛泽东同志对青年群体地位和作用的这些认识为这两个阶段中国共产党人重视青年、深刻地认识青年以及做好青年工作奠定了基础。

（二）改革开放新时期中国共产党主要领导人的青年观

改革开放新时期，中国共产党主要领导人围绕中国的社会主义现代化建设这个中心任务，结合各个历史阶段中国政治经济社会发展的实际，对各个历史阶段青年的地位和作用、突出的青年问题、青年工作的核心任务等提出一些独到的见解，丰富发展了马克思主义青年观。

改革开放初期，中国现代化建设迫切需要科学技术和人才的支撑，邓小平同志基于此，对当时的青年群体的地位和作用作出了新定位。

① 《毛泽东选集》（第二卷），人民出版社 1991 年版，第 565 页。

1978 年 3 月 18 日，邓小平同志在全国科学大会开幕式上发表讲话指出："今天，党中央这样关注科学和教育事业，这样着力于培养选拔人才，我们可以预见，一个人才辈出、群星灿烂的新时代必将很快到来。科学的未来在于青年。青年一代的成长，正是我们事业必定要兴旺发达的希望所在。"①邓小平同志对青年地位和作用的新定位为当时党、团以及教育部门重视青年人培养提供了指导。

在全面推进改革开放、建设有中国特色的社会主义事业的过程中，以江泽民同志为主要代表的中国共产党人逐步消弭了 1989 年风波的不良影响，继续肯定青年在国家和民族发展中的重要地位和作用。1990 年 5 月 3 日，江泽民同志在首都青年纪念五四运动报告会上强调指出："青年是社会中最富有活力的部分，是我们事业的希望。二十一世纪是你们的世纪。中国社会主义现代化建设的重任，历史地落在你们的肩上。老一代牺牲奋斗取得的成果，需要你们去巩固和发展。老一代坚持革命斗争方向的英勇精神，需要你们去继承和发扬。社会主义祖国的美好未来，需要你们去创造。青年要勤奋学习，努力实践，不断充实提高自己。这是党和人民的殷切期望。"②

进入 21 世纪，以胡锦涛同志为主要代表的中国共产党人，进一步加深了对改革开放新阶段青年的地位和作用的认识。2006 年 4 月 21 日，在美国耶鲁大学的演讲中，胡锦涛同志从世界和平发展的高度对青年寄予希望："青年人是世界的希望和未来，青年人有着蓬勃向上的生命活力和无穷的创造力。我衷心希望，中美两国青年携起手来，以实际行动促进中美两国人民友好，同世界各国人民一道，共创世界美好的明天。"③在 2012 年 5 月 4 日纪念中国共产主义青年团成立九十周年大会上的讲话

---

① 《邓小平文选》(第二卷)，人民出版社 1994 年版，第 95 页。

② 《江泽民文选》(第一卷)，人民出版社 2006 年版，第 132、133 页。

③ 《胡锦涛文选》(第二卷)，人民出版社 2016 年版，第 442 页。

中，胡锦涛同志在肯定青年群体重要作用的同时，也鲜明地指出了青年群体的重要时代使命："当代青年是无比幸运的一代，又是责任重大的一代。祖国发展的巨大成就为青年成长进步创造了良好条件，祖国建设的艰巨任务为青年大展身手提供了广阔舞台。"①

（三）党的十八大以来，习近平总书记对青年工作的高度重视

党的十八大以来，在亟需凝聚、团结全国各族各界人民实现中华民族伟大复兴的关键阶段，习近平总书记高度重视青年的健康成长，围绕青年工作发表了一系列重要论述，这些论述立意深远、内涵丰富，深刻阐释了在新时代新形势下，青年的地位和作用、青年的时代使命、青年工作的创新发展等重大理论和实践问题。

2013 年 5 月 4 日，习近平总书记在同各界优秀青年代表座谈时讲话指出："在革命、建设、改革各个历史时期，中国共产党始终高度重视青年、关怀青年、信任青年，对青年一代寄予殷切期望。中国共产党从来都把青年看作是祖国的未来、民族的希望，从来都把青年作为党和人民事业发展的生力军，从来都支持青年在人民的伟大奋斗中实现自己的人生理想。"②

2019 年 4 月 30 日，习近平总书记在纪念五四运动 100 周年大会上明确指出："新时代中国青年运动的主题，新时代中国青年运动的方向，新时代中国青年的使命，就是坚持中国共产党领导，同人民一道，为实现'两个一百年'奋斗目标、实现中华民族伟大复兴的中国梦而奋斗。"

2023 年 6 月 26 日，习近平总书记在中南海同团中央新一届领导班子成员集体谈话并发表重要讲话。习近平总书记强调："把党的中心任务作为中国青年运动和青年工作的主题和方向，这是一百多年来中国青

---

① 《胡锦涛文选》(第三卷)，人民出版社 2016 年版，第 587 页。

② 《习近平谈治国理政》(第一卷)，外文出版社 2018 年版，第 49、50 页。

年运动和青年工作的一条基本经验。共青团作为党的助手和后备军，必须紧紧围绕党的二十大确定新时代新征程党的中心任务来开展工作，把住方向，奋发有为。实现强国建设、民族复兴宏伟目标，需要全党全国各族人民包括广大青年团结一致、全力以赴，继续爬坡过坎、攻坚克难。共青团要把牢新时代青年工作的主题，最广泛地把青年团结起来、组织起来、动员起来，激励广大青年增强历史责任感和使命感，激发强国有我的青春激情，在强国建设、民族复兴伟业中勇当先锋队、突击队。”①

青年强，则国家强。党的十八大以来，以习近平同志为核心的党中央站在党和国家事业薪火相传、后继有人的战略高度，关心青年成长成才、谋划青年工作发展，推动青年发展事业实现全方位进步、取得历史性成就。新征程上，中国青年在推进实现中国式现代化的壮阔进程中，必将以永不懈怠的精神状态、永不停滞的前进姿态，激荡起民族复兴的澎湃春潮。

第三节　共青团组织的特点

中国共产主义青年团是中国共产党领导的先进青年的群团组织，是广大青年在实践中学习中国特色社会主义和共产主义的学校，是中国共产党的助手和后备军。在100余年的发展历程中，共青团组织结合中国政治经济社会发展的实际和青年群体总体特征的变化，逐渐形成了自己

① 《习近平在同团中央新一届领导班子成员集体谈话时强调 切实肩负起新时代新征程党赋予的使命任务 充分激发广大青年在中国式现代化建设中挺膺担当》，《人民日报》2023年6月27日。

的特色。

一、共青团组织的性质

从1922年成立至今，共青团已走过100余年的历程。100余年来，虽然共青团经历了很大的变化，但始终没有改变它的根本性质。

(一)跟着共产党走:共青团组织的政治性

中国共产主义青年团在中国共产党领导下发展壮大，始终站在革命斗争的前列，有着光荣的历史。在建立新中国，确立和巩固社会主义制度，发展社会主义的经济、政治、文化的进程中发挥了生力军和突击队作用，为党培养、输送了大批新生力量和工作骨干。党的十一届三中全会以来，共青团根据党的工作重心的转移，紧密围绕改革开放和经济建设开展工作，为推进社会主义现代化建设事业作出了重要贡献，促进了青年一代的健康成长。中国特色社会主义进入新时代，共青团紧扣时代主题，增强引领力、组织力、服务力，锐意改革创新，坚持从严治团，团结带领广大青年在党的领导下奋力投身伟大斗争、伟大工程、伟大事业、伟大梦想的生动实践。

中国共产主义青年团自成立以来，始终牢记、忠实践行坚定不移跟党走、为党和人民奋斗的初心使命，组织引导一代又一代青年为争取民族独立、人民解放和实现国家富强、人民幸福而贡献力量。百年征程，塑造了共青团坚持党的领导的立身之本、坚守理想信念的政治之魂、投身民族复兴的奋进之力、扎根广大青年的活力之源，这些宝贵经验是共青团面向未来、再立新功的重要遵循，必须倍加珍惜、长期坚持，并在实践中不断丰富和发展。

(二)领着青年走:共青团组织的先进性

中国共产主义青年团加强思想政治工作，把思想政治工作贯穿于所开展的全部工作中，组织青年学习马克思列宁主义、毛泽东思想、邓小平理论、“三个代表”重要思想、科学发展观、习近平新时代中国特色社会主义思想，弘扬以伟大建党精神为源头的中国共产党人精神谱系，广泛开展党的基本路线教育，爱国主义、集体主义和社会主义思想教育，社会主义核心价值观教育，中华优秀传统文化、革命文化、社会主义先进文化教育，党史、新中国史、改革开放史、社会主义发展史教育和国情教育，民主和法治教育，国家安全教育，增强青年的民族自尊、自信和自强精神，树立正确的理想、信念和世界观、人生观、价值观，进一步增强对中国特色社会主义的道路自信、理论自信、制度自信、文化自信，发扬斗争精神，增强斗争本领，努力使青年成为担当民族复兴大任的时代新人，成为德智体美劳全面发展的社会主义建设者和接班人。对团员必须进行中国特色社会主义共同理想和共产主义远大理想教育，努力帮助青年学习现代科学文化知识，吸收和借鉴人类社会创造的一切文明成果，抵御资本主义和封建主义腐朽思想的侵蚀，不断提高青年的思想道德素质和科学文化素质。

中国共产主义青年团带领青年在经济社会发展中发挥生力军和突击队作用。紧扣我国社会主要矛盾已经转化为人民日益增长的美好生活需要和不平衡不充分的发展之间的矛盾，组织青年参加改革开放和社会主义现代化建设的实践，贯彻创新、协调、绿色、开放、共享的新发展理念，助力加快构建新发展格局，推动高质量发展，促进科教兴国战略、人才强国战略、创新驱动发展战略、乡村振兴战略、区域协调发展战略、可持续发展战略、军民融合发展战略的实施，树立科学技术是第一生产力的观念，树立人才是第一资源的观念，树立创新是引领发展第一动力的观念，掌握和运用先进的科学技术，学习和适应现代管理方式，诚实劳动，勇于创新，为发展社会生产力、增强综合国力、逐步实现全体人民共同富裕、实现我国经济社会发展的战略目标建功立业。

（三）与青年同步走：共青团组织的群众性

中国共产主义青年团贯彻党管青年原则，充分发挥党联系青年的桥梁和纽带作用，积极参与发展全过程人民民主，为党做好青年群众工作。积极协助党和政府管理青年事务，协调督促青年发展规划落实，主动承担适合承担的公共职能，服务国家治理体系和治理能力现代化。在维护国家和人民利益的同时代表和维护青年的具体利益，围绕党的中心任务，开展适合青年特点的独立活动，关心青年的工作、学习和生活，切实为青年服务，向党和政府反映青年的意见和要求，开展社会监督，同各种危害青少年的现象作斗争，保护和促进青少年的健康成长。

中国共产主义青年团高举爱国主义旗帜，不断巩固和扩大青年爱国统一战线，坚决维护和发展全国各族青年之间的平等团结互助和谐，铸牢中华民族共同体意识；加强同香港特别行政区青年同胞、澳门特别行政区青年同胞、台湾青年同胞和海外青年侨胞的团结，全面准确、坚定不移贯彻“一国两制”的方针，共同促进香港、澳门长期繁荣稳定，坚决反对和遏制“台独”，共同促进祖国统一大业的完成。

中国共产主义青年团在维护我国的独立和主权，坚持和平友好、独立自主、相互学习、平等合作、共同发展的基础上，弘扬和平、发展、公平、正义、民主、自由的全人类共同价值，坚持正确义利观，积极发展同世界各国青年组织的交往和友好关系，积极参与推进共建“一带一路”，反对霸权主义和强权政治，维护世界和平，促进人类进步，推动构建人类命运共同体。

二、共青团建设的基本要求

中国共产主义青年团要完成新时代的基本任务，必须毫不动摇坚持中国特色社会主义群团发展道路，把握政治性这一灵魂，聚焦先进性这一重要着力点，立足群众性这一根本特点，深化团的改革，全面从严治团，不断提高团的建设科学化水平。

（一）坚持党的领导

共青团要坚持党的基本路线不动摇，用毛泽东思想、邓小平理论、“三个代表”重要思想、科学发展观、习近平新时代中国特色社会主义思想和党的基本路线统一思想和行动，团的各项工作都必须服从和服务于经济建设这个中心，必须把坚持改革开放和坚持四项基本原则统一起来，使党的基本路线在团的工作中得到全面贯彻。要牢固树立政治意识、大局意识、核心意识、看齐意识，坚决维护习近平总书记党中央的核心、全党的核心地位，坚决维护以习近平同志为核心的党中央权威和集中统一领导，不断提高政治判断力、政治领悟力、政治执行力，坚决贯彻党的意志和主张，严守政治纪律和政治规矩。要坚持党建带团建，把党的要求贯彻落实到团的建设之中，使团的建设纳入党的建设总体规划，同部署、同检查、同总结。

（二）坚持把帮助青年确立正确的理想、坚定信念作为首要任务

共青团必须站在理想信念这个制高点上，牢牢把握为实现中华民族伟大复兴中国梦而奋斗的时代主题，激发广大青年的历史责任感和奋斗精神，增强做中国人的志气、骨气、底气，组织动员广大青年走在时代前列，引导广大青年立志做有理想、敢担当、能吃苦、肯奋斗的新时代好青年。要按照党、团、队育人链条相衔接、相贯通的要求，围绕保持和增强团员先进性这一时代课题，切实增强团员的光荣感，发挥团员的模范作用。

（三）坚持服务青年的工作生命线

共青团工作必须以青年为中心，从青年需要出发，强化服务意识，提升服务能力，挖掘服务资源，千方百计为青年排忧解难，更多关心帮助困难青年，维护青年合法权益，使团组织成为广大青年遇到困难时想得起、找得到、靠得住的力量。

（四）坚持民主集中制

民主集中制是共青团根本的组织原则。要充分发扬民主，尊重团员主体地位，切实保障团员的民主权利。要实行正确的集中，加强组织性和纪律性，保证团的决议得到有效的贯彻执行。

（五）坚持改革创新

落实党对共青团改革的要求，勇于自我革命，推动改革向纵深发展，推进组织和工作创新，不断提高团的吸引力和凝聚力，不断扩大团的工作有效覆盖面。要深刻认识到，基层组织是团的一切工作的基础。团的领导机关要确立基层第一的观念，发扬务真、求实的作风，深入基层，服务基层，坚持不懈地抓好基层建设，不断增强基层活力。

（六）坚持从严治团

要把严的标准、严的措施贯穿于从严治团全过程和各方面。坚持依规治团，建立健全团内规章制度体系。要从团干部严起，重点加强对团的领导机关和领导干部的管理和监督，坚决反对机关化、行政化、贵族化、娱乐化倾向。按照增强政治性、时代性、原则性、战斗性的要求，加强和规范团内政治生活，发展积极健康的团内政治文化，营造风清气正的良好政治生态。

三、共青团的组织制度

中国共产主义青年团中央委员会受中国共产党中央委员会领导，团的地方组织和基层组织受同级党的委员会领导，同时受团的上级组织领导。团的领导机关、领导班子按照有关规定履行全面从严治党主体责任。

中国共产主义青年团是按照民主集中制组织起来的统一整体。团的民主集中制的基本原则是：（一）团员个人服从组织，少数服从多数，下级组织服从上级组织。（二）团的全国领导机关，是团的全国代表大会和它产生的中央委员会。地方各级团的领导机关，是同级团的代表大会和它产生的团的委员会，团的各级委员会向同级代表大会负责并报告工作。（三）团的各级领导机关，除它们派出的代表机关外，都由选举产生。（四）团的各级领导机关应当经常听取并认真处理下级组织和团员的意见；团的下级组织既要向上级组织请示、报告工作，又要独立负责地解决自己职责范围内的问题。团的各级组织要使团员对团内事务有更多的了解和参与。（五）团的各级委员会实行集体领导和个人分工负责相结合的制度。

团的各级委员会可以根据工作需要，设立适当的工作部门。团的县级以上各级委员会可以派出代表机关。

在团的各级代表大会闭会期间，同级党的组织和上级团的组织认为有必要时，经过共同研究，取得一致意见，可以调动或指派团组织的负责人。

团的各级代表大会的代表和委员会的产生，要体现选举人的意志。选举采用无记名投票的方式。候选人的产生要广泛发扬民主，候选人名单要充分酝酿讨论。可以直接采用候选人数多于应选人数的差额选举办法进行选举，也可以采用差额选举办法进行预选，产生候选人名单，然后进行等额正式选举。选举人有了解候选人情况、要求改变候选人、不选任何一个候选人和另选他人的权利。任何组织和个人不得以任何方式强迫选举人选举或不选举某个人。

团的中央和地方各级委员会委员、候补委员中的专职团干部调离团的岗位，其委员或候补委员的职务自行卸免。委员中团的中央和地方组织领导干部出缺，应当按照有关规定替补；其他委员出缺，由候补委员按得票多少依次递补。卸免、替补和递补须经全会确认。

团的县级和县级以上委员会在必要时可以召集代表会议，讨论和决定需要由代表大会解决的重大问题。代表会议可以调整和增选委员会的部分成员。调整和增选委员会委员和候补委员的数额，不得超过该级代表大会选出的委员和候补委员总数的三分之一。代表会议代表的名额和产生办法，由召集代表会议的委员会决定。

有关全团性的工作，由团的中央委员会作出决定，统一部署。各级团组织的报刊和其他宣传工具，必须宣传党的路线、方针和政策，宣传团的上级组织和本级组织的决议与工作任务，反映青年的意见和要求。

中国共产主义青年团受中国共产党的委托领导中国少年先锋队的工作。中国共产主义青年团是中华全国青年联合会的核心团体会员，发挥主导作用。中国共产主义青年团在中国共产党的领导下，指导中华全国学生联合会开展工作。

第二章　共青团在国有企业发展中的地位和作用

国有企业在市场经济的推动下，扩大了青年职工的吸收范围，巩固了他们在企业发展中的中坚力量的地位，共青团工作也被提上日程，成为国企青年职工思想、行为得以升华的有效途径。

第一节 始终不渝地将思想政治教育放在首位

加强青年思想政治教育，提高青年素质，统一青年思想，调动青年的积极性和创造性，把蕴藏在广大青年中的丰富智慧和巨大潜能激发出来，关系到国有企业的前途和未来。国有企业团组织应该紧紧围绕企业改革和发展这个中心，用党的基本理论、基本路线、基本方略教育青年，用爱国主义、集体主义、社会主义和艰苦创业精神凝聚人心，用改革开放 40 多年来取得的巨大成就和党的号召去召唤和鼓舞青年，切实做好企业青年思想政治工作，不断提高青年的思想政治素质。

一、将青年思想政治教育作为国企共青团工作的生命线

共青团是党的助手和后备军，这一性质决定了思想政治教育工作在全团工作中的地位和作用。国企共青团组织在规划、设计和实施团的各项活动中，首先要考虑是否有利于加强青年思想政治教育，在哪些方面能促进青年思想政治教育工作。同时要认识到，团的各项活动虽然大多包含有丰富的思想政治教育内容，但关键是怎样引导、怎样突出重点。只有善于引导、重点突出，思想政治教育才能够切实有效贯穿于各项活动之中。

二、重视做好企业青年的理想信念教育工作

当前，我国正处于改革开放的纵深发展阶段，经济社会面临很多的转型发展，特别需要青年员工树立正确的人生观、世界观和价值观，以饱满的热情和拼搏精神投身到中国特色社会主义现代化建设事业中来。但现实中，一方面随着对外开放的深入，西方自由化思想不断侵入，加

上网络文化的传播，在所谓“多维文化”的诱导下，对共产主义远大理想产生动摇，对马克思主义产生怀疑，对中国特色社会主义产生疑惑。一些青年不能正确理解时代的发展和社会的变化，不理解党的路线方针政策，思想上产生很大的困惑，对社会主义的前途失去信心。另一方面，由于法制不健全、监督不到位、管理上有疏漏，少数党员干部不是践行全心全意为人民服务的宗旨，而是以权谋私、贪污腐败、奢靡堕落，严重败坏党的形象，削弱了党在青年员工中的影响力。因此，新形势下有必要强化青年员工的理想信念教育，引导青年员工正确认识社会变化和时代发展，抵制错误思想的侵蚀，坚定共产主义远大理想和中国特色社会主义共同理想。

三、要注意继承和创新的结合，增强思想教育的实效性

始终保持企业青年思想政治教育的生机与活力，既要坚持正面教育，又要针对当代青年主体意识、参与意识日益增强的特点，注意加强引导，激发青年自我教育的内在积极性。

政治上的成熟是青年自我发展、自我完善的基本条件。要帮助青年认识到思想政治上的成熟是成长成才的关键，使企业青年员工自觉增强不断提高思想政治素质的紧迫感和自觉性。要充分发挥实践在青年教育中的重要作用，引导青年在生产、经营、服务和管理的实践中受教育、长才干、作贡献。要充分发挥文化的教育功能，寓教于乐，使青年在潜移默化中受教育。要重视运用现代科技手段，特别是网络手段开展青年教育，增强教育的渗透力和影响力。要善于运用具有鲜明时代特征的先进典型开展青年教育，为企业青年树立可亲、可敬、可信、可学的榜样。要善于利用重要节日、重大活动、重大事件等契机，加强对企业青年的教育和引导。要充分发挥新闻媒体在教育引导青年中的重要作用，运用新闻媒体作为教育青年、动员青年的有力手段。要进一步建立和巩

固青年思想教育阵地，为青年思想政治教育制度化、经常化提供有力的物质基础和阵地依托。总之，要坚决反对和防止形式主义，加强调研，坚持好的、传统的工作和手段，开拓新的、管用的方式和方法，努力创新，在实践中探索增强针对性和实效性的有效方法。

四、要坚持教育青年与服务青年相结合

青年的成长成才应以政治的成熟为基础。加强改进企业青年思想政治教育的目的是为了促使青年更好地成长成才、建功立业，这是青年思想政治教育工作的落脚点。要深入到基层，深入到青年中，准确把握青年的思想脉搏，找准青年思想中存在的问题，区分层次、因人施教，把思想政治教育工作做深、做细。要将青年思想政治教育与解决青年的实际问题结合起来，努力为青年解决实际困难。对于青年提出的实际问题，能立即解决的要立即解决，不能立即解决的要通过努力尽力去解决，并及时通报工作进展。不可能解决的，要给青年讲清楚。总之，要通过为青年办实事、办好事，把思想政治工作做到青年的心坎上，落实到具体的行动中。

五、企业团干部要提高教育引导青年的能力和水平

企业团干部要把青年思想政治教育作为大事来抓，摆到重要议事日程上，增强政治意识，增强服务企业发展意识，增强服务青年成长成才意识，坚持党的群众路线，培养求真务实、艰苦创业的工作作风，注意学习有关经济、科技和管理等方面的知识，提高业务素质，增强开拓创新的意识和能力。同时，还要加强调研，对企业青年的思想状况做到心中有数，尽早发现和分析青年中不稳定的因素，有针对性地做好思想政治工作。

第二节　以创新创效为载体服务企业改革发展大局

经过40多年的改革开放，我国综合国力显著增强，经济和社会生活已经发生了翻天覆地的变化。可以说，这40多年是我们国家五千年文明史中变动最活跃、变化最丰富、发展最迅速的时期。在这一进程中，作为国民经济的微观基础，企业变动最大，相应地企业青年职工也是处于变动最快、最激烈的时期。企业团组织一定要看到这一现状，敏锐把握企业青年的变化趋势。

一、服务企业改革发展大局，必须深入研究当前企业变化趋势

在改革开放和建立社会主义市场经济体制的进程中，企业的变化是深刻而全面的，主要表现在以下几个方面。

（一）企业的所有制形式正在发生着丰富的变化

新中国成立后，我国长期实行单一的所有制，奉行越大越公越好的原则，企业追求的是纯而又纯的公有制——要么是国有，要么是集体所有，搞“穷过渡”，似乎所有制越全民、越“高级”越好，这对于我国经济生活的影响是非常深刻的。改革开放以来，对于所有制形式，无论是实践上还是理论上都有了重大突破。从实践情况看，私营企业、三资企业、股份制企业如雨后春笋般发展。在一些地区，非公有制经济已成为当地经济的重要支柱、税收的主要来源和解决就业的主要渠道。从理论上看，先是把非公有制经济作为公有制的有益补充，后来提出以公有制为主体、多种所有制共同发展。如今，即便是公有制，也实行了形式的多样化。企业所有制形式的多种多样，给共青团工作带来了新情况和新

问题，共青团干部务必要提高认识，转变观念，增强紧迫感。

（二）企业的用人机制正在发生较大变化

计划经济时期，国家实行统一分配、终生固定的用工制度，不管企业需不需要、需要多少，都由国家统一计划，上级主管部门说了算，企业缺乏用工自主权。那个时候，人一旦被分到企业，往往就是干一辈子，所谓“生是企业人，死是企业鬼”，能进不能出，企业缺乏裁员的自主权。“铁饭碗”使企业人浮于事、效率低下、浪费严重。企业冗员过多在一定意义上是国有企业改革脱困中比技术改造、市场营销、产品开发还要困难的问题。20 世纪八十年代以后，随着国有企业改革的一步步推进，逐步扩大企业用工自主权，从砸“铁饭碗”到实行全员劳动合同制，以及农民工、季节工、替换工、合同工、固定工、临时工等多种用工形式并存，企业用工发生了很大变化。目前企业还会实行减员增效、下岗分流，用人机制还在发生较大变化。企业用人机制的变化对青年工作提出了新的问题，这就是团干部如何从过去面向企业的固定青工做工作到适应用人机制的新变化，更好地为企业青年包括在岗青工、下岗青工的就业、创业、成才服务。

（三）企业的分配制度正在发生深刻变化

我们整个社会分配的理论基础是马克思主义政治经济学的多劳多得、按劳分配原则，但多年来我们一直都没有解决好这个问题，最后的结果是变成平均主义。在计划经济时期，往往是干好干坏一个样、干与不干差不多，分配与劳动付出相差甚远，出现“吃大锅饭”现象。改革开放以来，从奖金制到计时、计件工资制，再到绩效工资制，多劳多得、少劳少得、不劳不得，按劳分配原则才真正得到了落实。后来，随着政策的逐步调整，生产要素开始进入分配领域参与分配，使分配制度发生了重大变化。像在高科技产业，技术可以入股参与分配，资本也可以参与分配，已是目前相当普遍的现象。这些都为国有企业共青团工作提出新的挑战。

（四）企业与市场的关系正在发生着本质性变化

计划经济时期，企业从原料到生产，再到产品，一切都靠计划，企业实质上是政府的附属物，相当于生产车间。那时，对企业来说无所谓市场不市场的问题。20 世纪八十年代初提出计划经济为主，商品经济为辅，市场才逐步得到认可，显示出越来越大的作用。党的十四大提出经济体制改革的目标是建立社会主义市场经济体制后，市场终于成为了资源配置的基础，成为企业赖以生存与发展的条件。近年来，出现了买方市场、过剩经济，市场的作用更加突出，企业对市场的认识更加深刻，企业由生产主导型走向市场主导型，企业与市场融为一体，密不可分。谁把握了市场，谁适应了市场需求；谁抢占了市场竞争的制高点，谁就能从市场中获利。可以说，市场已成为决定企业生死攸关之所在。这些变化，也深刻影响着共青团工作的开展。

二、以创新创效为旗帜，带领青年投身企业改革和发展主战场

我们正在迈向创新为动力的知识经济时代，切实解决国有企业突出问题和困难的根本出路在于创新，提高国有企业竞争力的重要措施也在于创新。依靠创新求发展，不仅已成为社会共识，而且已被国内外众多企业的成功实践所印证。创新已成为当今时代企业改革和发展最响亮的主旋律，而青年恰恰最富有开拓精神和创新热情。增强青年的创新意识，提高他们的创新素质，激发他们的创新活力，充分发挥他们在企业创新中的生力军作用，不仅对于建立企业创新体系、增强企业竞争能力、推动企业发展至关重要，而且对于提高整个中华民族的创新能力，实现我们的宏伟目标也具有重要意义。开展青年创新创效活动，是时代的客观要求，是国企改革和发展的现实需要，同时也是在新形势下动员青年投身国企改革和发展，在实践中培养教育青年的有效形式，是团组

织求得自身发展、加强组织建设的重要途径。

(一)创新理论溯源及基本特征

创新是一个经济学概念。也就是说，创新指的是一种经济活动，创新的意义就在于其具有经济价值，这是创新的本质特征。反过来说，如果不从经济学层面去理解，创新也就失去其实际意义。

国际上公认的创新理论之父是美籍奥地利政治经济学家熊彼特，他在《经济发展理论》一书中，首次提出了创新这一概念。按照熊氏的定义，创新是创造一种新的生产函数，实现生产要素的新组合，即把一种从没有过的生产要素和生产条件的“新组合”引入生产体系。

熊彼特的独到之处在于把创新和经济发展联系在一起。在他看来，创新是社会进步的动力，没有创新，社会只会处于简单的循环流转之中。

按照熊氏的说法，创新主要包含以下 5 个方面的内容：引进一种新的产品（消费者还不熟悉的产品）或产品的一种新特征；采用一种新的生产方法；开拓一个新市场；开发一种新资源（原材料）；创造一种新产业组织。

很明显，熊彼特的创新概念是一个广义的概念，既涉及技术性变化的创新，又含有非技术性变化的创新，大体可以分为技术性创新和组织创新两大类型。因此要树立一种大创新观念，即将创新蕴含于企业生产、经营、管理的各个环节。

创新是一个过程。创新无止境，创新无终结。创新过程就是创新要素（信息、思想、物质、人员、资本）等在创新目标下的流动、组合、实现过程。只要有市场经济存在，就会有强大的经济冲动。强烈的趋利动机就会使企业不断推陈出新、弃旧图新，以期领先一步，获取暂时的创新型垄断利润。因此，在激烈的市场竞争的压力下，在强烈的逐利本性的驱动下，创新会在企业表现为一个波浪式、螺旋氏的递进上升过程。而且，创新从来不会一劳永逸。

创新价值的评价标准具有唯一性。衡量创新成功与否、创新水平的高低，标准只有一个，就是创新的市场实现程度及所获商业利益的大小。除此之外，没有别的评价标准。创新就其终极动力和目标来讲，就是创造新的经济价值。

(二)推动企业全面创新是企业共青团面临的重大课题

近年来，随着科学技术的迅猛发展和知识经济的悄然兴起，创新的浪潮正在世界范围内汹涌激荡，对整个人类社会产生着愈来愈大的影响。每一个国家、每一个企业，无不以敏锐的目光和全新的视角密切关注这一世界潮流的发展和变化。处在这样一个时代，我们必须以一种时不我待的紧迫感和只争朝夕的奋斗精神，勇敢地站在时代的潮头，认真研究和积极探索创新这一带有战略性和全局性的世纪性课题。

从近代历史演进的过程来看，创新是推动人类社会发展的强大动力，是国家强盛的重要前提。创新以技术创新为主标志，自工业革命以来大致经历了三个阶段。一是16、17世纪至19世纪诞生了现代科学，科学革命带来了技术创新。这期间，以纺织自动化和蒸汽机的发明为标志的工业革命风起云涌，以牛顿力学、微积分、电磁场等理论为基础，电机、电灯、电话、电报、汽车、飞机等相继发明，人类开始了冶金、化工和电气化的时代。二是自20世纪以来，以量子理论、相对论、生命科学中DNA双螺旋结构的建立和大型高能物理实验装置的建立等为基础，在核技术、半导体、计算机技术等方面取得了重大进展，人类迈入了原子、电子、空间和计算机时代。三是近几十年来，由于物质科学、生命科学和信息科学的发展，在材料、信息和生物技术方面不断取得突破，现代科学技术正经历着一场新的革命，极大地改变着人类社会的生产方式和生活方式。由此可见，人类近几百年来重大创新接连不断，取得了过去几千年也不能相提并论的创新成就。历史的发展和科技的进步使我们清楚地看到，在绵延不断的人类社会发展中，哪一个民族和国家重视创新、善于创新，就充满活力、发展得快，就能屹立于世界民族之林；哪一个民族和国家因循守旧、思想僵化、失去创造力，就缺乏生机、衰竭不前，甚至任人欺凌、被动挨打。中华民族在古代创造了灿烂的文明，几经强极于世，但近代以来由于闭关锁国、不求创新，在鸦片战争后的一百年里备受欺辱。历史发展演进的过程告诉我们，创新是一个民族进步的灵魂，是国家兴旺发达的不竭动力。为此，我们必须增强创新意识，提高创新能力，大力实施科教兴国战略，加快建立国家创新体系的步伐，通过不断创新，把握国际经济和科技发展趋势，提高国家综合国力和国际竞争能力，实现百年来几代仁人志士强国富民的理想，使中华民族实现伟大复兴。

从国民经济运行的角度来看，创新是提高经济运行质量、推动经济增长的现实选择。世纪之交的中国经济环境发生了许多新的深刻的变化，经济增长已从过去总量扩张阶段进入到结构性调整阶段，经济发展面临的问题是总量问题与结构问题并存，结构问题尤为突出，结构矛盾制约着总量增长。随着生产的持续发展和不断扩大，社会供给明显增加，无论是消费品市场还是生产资料市场都逐步从卖方市场走向买方市场。调整和完善所有制结构，加快推进国有企业改革，加快国民经济市场化进程，正有力地推动着社会主义市场经济体制的建立。经济全球化趋势更加明显，世界经济日益成为一个整体，中国受国际经济的影响越来越大。研究经济运行中的新情况，解决经济增长中的新问题，很重要的一点，就是要靠强烈的创新意识和强劲的创新能力。无论是调整产业结构、扩大市场需求、推动经济体制改革顺利进行，还是迎接知识经济的挑战、参与国际经济竞争，无不有赖于创新。改革开放 40 多年来，我国经济总量有了很大增长，但与世界发达国家相比，我国劳动生产率较低、技术水平相对落后、重数量轻质量、重投入轻管理的现象在现实经济生活中依然普遍存在。其结果是，经济增长速度比较快，但经济效益低下；经济总量不断增加，但经济质量没有相应提高。因此，只有不断创新，才能推动经济增长方式从粗放经营向集约经营转变，才能提高经济增长的质量和效益。今天我们正迈向以创新为动力的知识经济时代，经济发展将不是直接取决于资源、土地、资本的数量和规模，而是依赖于对知识资源和信息资源的占有、积累和利用，依赖于提高创新度。

在推进创新方面，世界上有些发达国家的经验确实值得我们借鉴。20 世纪 80 年代后，日本一度沉溺于模拟电视，在研制高清晰度电视的时候，把注意力集中在提高扫描线数上。当时欧洲搞 450 线的扫描，美国搞 550 线的扫描，日本则要搞 1100 线以上的扫描，为此投资数亿美元。可没想到的是，几年后美国敏锐地看到发展趋势，独辟蹊径，在数字化技术方面取得重大进展，最终证明了数字化技术确实领先于模拟技术。这充分说明，创新对经济良性运行和经济增长具有决定性意义。也正是在创新的强力推动下，全球经济驶入了快车道。新时代新征程，我们要增强紧迫感，加快创新步伐，推动经济良性运行，实现经济快速增长。

从成功企业的实践来看，创新是企业发展壮大的根本途径。在过去的 40 多年里，增长最快的企业是以知识为基础的企业，是有自己专有技术和核心技术的企业。美国微软公司享誉全球，经过十几年时间的发展，生产总规模和销售额在全球企业 500 强中遥遥领先，靠的是什么？靠的是持续不断的创新。美国英特尔公司依靠创新，其产品在世界市场所占份额始终名列前茅。荷兰飞利浦公司有百年的历史，企业老而产品却不老，1914 年以来每年都有多项重大技术创新成果问世，每年都有多种新产品上市。正是由于一系列的创新努力，飞利浦这一老牌公司长盛不衰。我国的北大方正公司，发展史不长，但由于拥有计算机汉字压缩技术，走上了创新发展之路，方正激光照排系统覆盖了世界华文报刊印刷市场的80%。海尔集团在1983年至1984年还是一个100多人的亏损企业，由于不断进行技术创新，平均每天申请专利1.8个，目前已经成为全国家电行业的排头兵。中外成功企业的经验告诉我们，无论是老企业要保持活力，还是新企业要迅速发展，根本的出路都在于创新，创新事关企业的生死存亡。

从现在起到本世纪中叶，是我国改革和发展的关键时期，不失时机地推进国有企业的改革和发展，无疑是摆在我们面前的一项紧迫任务。企业青年职工占职工总数的60%以上，是推动企业改革最活跃的力量，是促进企业创新发展的生力军。共青团作为党的助手和后备军，应当放眼全局，明确责任，勇敢地肩负起振兴国有企业的光荣使命，积极带领广大青年为企业的改革和发展献计出力，作出贡献。企业团组织要以推动企业改革和发展为中心，以提高企业经济效益、增强企业市场竞争力、促进企业青年成长成才和建功立业为着眼点，动员和组织广大青年职工积极投身企业的创新实践，在促进企业创新体系和创新机制的建立中发挥生力军作用。

三、开展企业青年创新创效活动的内容、环节和原则

企业青年创新创效活动，是以青年职工为主体、以市场为导向、以创新为手段、以创效为目的的群众性实践活动。

(一)创新创效活动的具体内容

开展企业青年创新创效活动，要根据企业发展的需要，适合青年特点，带领青年职工着力进行技术创新、管理创新、营销创新、服务创新，通过这四个创新推动企业全面创新，创造更高的经济效益。

1.技术创新

技术创新是推动企业全面创新的首要选择。技术创新，一般是指新

产品的开发、新工艺的应用、新技术的推广与扩散等各种围绕技术而展开的商业活动。它包括三个基本方面，一是产品创新。即在技术变化基础上的产品商业化，既可以是全新技术的全新产品的商业化，也可以是现有技术发现后的现有产品改进。二是过程创新，也叫工艺创新。是指商品生产技术上的重大变革，包括新工艺、新设备等。三是技术的扩散，即技术通过市场传播产生经济效益。技术创新对于企业发展至关重要。只有通过技术创新，才能开发出适销对路的新产品，才能促进企业集约经营、走内涵式发展道路，才能培育企业竞争优势、增强市场竞争力。

开展技术创新活动首先要动员青年科技人员大搞技术开发，帮助他们了解本专业最前沿的技术成果，树立勇攀科技高峰的雄心壮志。支持他们踊跃承担技术攻关项目，为他们开展技术攻关创造条件。要注重用现代管理手段来推动青年科技人员的技术开发工作，订立技术攻关合同，落实技术攻关措施，监控技术攻关过程。其次是要组织青年职工开展群众性创新活动。鼓励青年职工学习新知识、新技能，增强创新意识，提高创新能力。引导他们干一行、钻一行，立足本职工作。支持他们经济性地开展“五小”活动以及先进操作法、专利发明活动。最后是要帮助青年进行技术应用和转化。帮助青年职工尤其是科技人员加强与高等院校、科研院所和其他企业的技术合作，大力开展技术培训、技术咨询、信息交流、技术转让等中介服务。

2. 管理创新

管理创新，是指为了在市场竞争中赢得管理优势，重新组合管理资源，以更有效的管理行为，实现企业发展目标的过程。管理创新是技术创新、营销创新、服务创新的坚强后盾和重要保障，是企业全面创新的基础环节和重要内容。

管理创新活动首先是要调动青年管理人员的积极性和创造性，引导他们借鉴国内外企业先进管理经验，分析查找本企业管理中存在的薄弱环节和突出问题，为加强企业管理出主意、想办法，探索适应企业特点的管理模式、管理方法、管理手段。其次是要带领青年职工开展群众性管理创新活动，引导他们立足岗位，严格管理要求、创新管理手段、优化过程管理，采用质量监督小组、安全监督小组等多种方式，推动人人参与管理。最后是要动员青年企业家开展管理创新，引导他们努力学习先进管理理论，大胆采用一切先进的管理方法，不断探索适应建立现代企业制度要求和企业自身特点的管理方法，推动企业管理方式的变革，向管理要效益。

3. 营销创新

提高企业产品的市场占有率是营销创新的核心。我国改革开放 40 多年的一个重大成就就是国民经济逐步告别短缺经济，实现了由卖方市场向买方市场的转变。经济增长也由计划经济条件下的生产主导型向市场经济条件下的消费主导型转变。营销已经成为直接推动消费需求、促进经济增长和企业发展的一个重要手段。当前很多企业重要的问题不在于生产，而在于营销。营销创新是企业全面创新的重要环节。

企业要搞好营销创新，就必须帮助青年职工牢固树立营销第一的观念，学习营销知识，提高营销能力，引导他们紧紧围绕市场做文章，进行深入的市场调查，把握市场需求和不同消费群体的心理特点，面向市场、面向用户，研究营销战略、制定营销规划、确定营销目标、构建营销网络。通过营销创新为企业培养一批具有现代营销意识、知识和能力的青年营销人才，减少企业产品积压和库存，提高企业产品的市场占有率，提高企业经济效益。

4. 服务创新

所谓服务创新，是指企业在服务思想、服务内容、服务方式、服务手段等方面推陈出新，以满足顾客需求，赢得更大利润。改革开放 40

多年来，我国居民消费水平不断提高，消费重点在“吃”“穿”基本解决后，转向“住”“行”和服务消费领域，消费结构进入升级上扬转变阶段。现如今，消费者对企业产品不再是简单的产品价值或使用价值的诉求，而是要求有健全、完善、便捷的售后服务。

企业要搞好服务创新，就必须引导青年职工创新服务意识，树立服务至上的观念，由传统的被动要求服务向主动提供服务转变；就必须创新服务内容，由单一的服务向配套的服务拓展；就必须创新服务方式，开展社区服务，由定点服务变为上门服务，以提供多种服务方式，增加服务的灵活性；就必须创新服务手段，努力运用网络、通讯等现代科技手段提供高效率的服务。总之是要通过服务创新来推动企业服务质量和服务水平的提高，全方位地满足消费者的服务需求，帮助企业赢得消费者，占领更大市场份额。

（二）开展青年创新创效活动要把握的几个关键环节

开展青年创新创效活动要在运行机制上做文章，推动活动的长远发展。重点要把握好以下几个关键环节。

1. 加强组织领导是开展青年创新创效活动的前提条件

创新工作是全社会共同关心的工作，是企业各部门共同参与的工作，因此，开展青年创新创效活动要积极争取政府有关部门、社会有关方面和企业领导班子以及各部门的支持。企业要成立以党政领导牵头、团组织具体协调、有关职能部门共同参与的组织领导机构，同时要建立和健全青年技术协会、青年管理者协会、科技攻关小组等活动组织，发挥它们组织青年参与创新创效活动的作用。

2. 抓好考核评价是开展青年创新创效活动的基础环节

企业要努力建立科学实用的考核评价体系。企业要以专业人员为主成立评价组织，制定科学的考评办法，经常对青年创新成果进行考评。在考评时，不能就创新论创新，而是要把创效作为根本标准，以增强创新的实效性。

3. 强化绩效激励是开展青年创新创效活动的重要手段

无论是充分发挥青年参与活动的积极性，还是不断激发基层团干部开展活动的热情，都要求认真做好表彰奖励工作。表彰奖励要以创新的市场业绩和成效为标准，把活动奖励纳入整个企业创新奖励体系之中，制定具体的奖励办法。要坚持精神奖励与物质奖励相结合的原则，对创新取得突出成绩的个人和组织者都要进行奖励。

4. 建设支持体系是开展青年创新创效活动的基本保障

支持体系主要包括政策支持、经费支持、阵地支持、氛围支持等。企业团组织要积极主动地争取党政领导和相关部门的支持，充分用好相关政策，积极发掘社会资源，筹集活动经费。同时要努力把活动纳入企业技术创新工程，争取企业科研开发经费支持。有条件的也可建立专门基金，用于扶持项目攻关和课题研究。要依托现有的青年活动阵地来建立青年创新创效培训基地，广泛利用企业现有的各种阵地来开展活动。要在扎实开展活动的同时，大张旗鼓地宣传活动的好做法、好经验以及宣传活动取得的成效，在全社会营造支持创新创效活动开展的良好氛围。

（三）开展青年创新创效活动要遵循的几条工作原则

青年创新创效活动是国有企业共青团工作的新任务。为了推动这一活动健康顺利地向前发展，在工作中要注意遵循以下几条原则。

1. 坚持重点为国有企业改革和发展服务的原则

国有企业是我国国民经济的支柱。解决建立比较完善的社会主义市场经济体制和保持国民经济持续快速健康发展这两大课题，推动实现经济体制和经济增长方式这两个根本性转变，关键在于推动国有企业的改革和发展。开展创新创效活动是要把青年职工的积极性和创造力进一步引导到为国有企业改革和发展作贡献上来，以此推动国有企业全面创新和更快发展。

2.坚持因企制宜、突出企业特色的原则

把上级的要求与本企业实际情况结合起来。企业团组织要从企业创新工作的实际出发，不求多，但求精，在企业迫切需要的创新方面重点突破。在活动的不同阶段，需要根据企业的需求突出不同的创新重点。这样才能增强活动的针对性，才能搞出特色，取得更大实效。

3.坚持有所为、有所不为的原则

企业创新工作是一项系统工程，是整个企业的工作，需要企业各个部门齐抓共管。共青团作为党的助手和后备军，必须动员和组织青年职工积极创新，在促进企业全面创新中有所作为。但是，我们又必须看到，企业团组织的工作资源、工作力量、工作手段是有限的，希望通过创新来“包打天下”是不可能的。因此，既要有所作为，又要有所不为，特别是要找准工作的切入点。企业共青团要发挥团的政治优势、组织优势、活动优势和广泛联系青年的优势，在开展群众性创新活动方面多做工作，多发挥作用。

4.坚持尊重青年首创精神的原则

青年是整个社会力量中最积极、最有生气的一部分，他们最肯学习，最少保守思想，最富有创新精神。当前，国有企业青年职工在总体上文化程度高，综合素质强，而且处于企业生产、经营、管理一线，熟悉生产和技术，了解市场情况，在创新中具有独特的优势。开展青年创新创效活动，要转变思维方式，高度重视和充分发挥青年职工在创新中的主体作用，引导他们立足本职工作，锐意创新；要尊重他们的创新想法，帮助他们大胆探索，实现创新思想；要尊重他们的创新实践，总结他们的创新经验，推广他们的创新做法；要尊重他们的创新成果，积极帮助他们把创新成果转化为现实生产力，既实现企业的目标，也实现他们的自身价值。

第三节　立足企业为青年的成长成才服务

良好的群众基础是共青团工作得以蓬勃开展的前提条件。 企业团组织是青年利益的代表，团干部只有急青年之所急、想青年之所想、尽力为他们排忧解难，才能赢得青年的拥护和支持。

一、服务青年，加强对企业青年状况的调查研究

当前，国有企业在不断变化，企业青年也在不断变化。 当代企业青年职工是在改革开放的环境中成长起来的，与其他青年群体有着许多共性的变化和特点。 但作为工人阶级的一部分，作为社会化大生产的重要力量，企业青年职工的变化也有着自身的特点。 只有正确认识企业青年职工变化的特点和规律，把握其变化的趋势，才能更好地服务青年、服务企业。

（一）企业青年职工价值观念发生着积极而活跃的变化

企业参与市场竞争，引入竞争机制、利益机制，这大大激发了青年职工的主动性、积极性和创造性，青年主体观念和自我意识有了很大增强。 青年有着强烈的事业心和责任感，他们是改革的受益者，普遍支持改革、参与改革、拥护改革，并自觉地为经济发展作贡献。 青年员工普遍感到，工作的好坏、收入的多少，愈来愈取决于自身素质的高低。 他们更关注自我，走自我设计、自我发展的道路，正在建立与现代企业制度相适应的新观念，积极向上、务实进取。 但是，随着对外开放和现代传媒的发展，一些辨别能力不强的青年员工受到西方价值观和不良文化的冲击，价值观发生了一定的偏离。 对此，共青团组织要更敏锐地把握

企业青年价值观念的变化，有针对性地做好工作，帮助企业青年树立正确的世界观、人生观和价值观，引导他们积极向上、健康成长。

（二）改革攻坚过程中企业青年面临着强烈而直接的压力

建立现代企业制度，就是要把企业建成自主经营、自负盈亏、自我约束、自我发展的市场竞争主体和法人实体。但同时，市场竞争、减员增效、下岗分流等，却给整个企业青年群体带来了新的挑战和很大压力。与其他青年群体相比，企业青年承受的压力最直接、最强烈。因为，企业是市场经济的主体，市场化的进程使企业竞争日趋激烈，使企业改革不断加速。改革是要付出成本、付出代价的，企业青年职工是企业改革成本的直接承受者。而且，他们工作时间不长，生活刚起步，竞争压力更大。作为青年自己的组织，共青团必须把帮助青年排忧解难、提供服务作为应尽之责。

（三）青年在企业中的地位和作用正在发生着重大而深刻的变化

青年是企业改革和发展的生力军。随着现代企业制度的逐步建立和企业创新步伐的明显加快，青年在企业改革和发展中愈来愈显示出生力军作用。在过去工业经济时代，经验是时间的结晶，是工作能力的主要内涵，所以老师傅、有经验的人无疑要比青年的作用大，青年进厂后必须靠师傅“传帮带”，向有经验的老师傅学习，有个经验积累的过程，自然是“小字辈”。现在已然进入知识经济时代，新科技革命蓬勃兴起，不仅诞生了很多新兴的产业，还改造着传统产业。同时，我们在建立社会主义市场经济体制的过程中，不少企业还参与国际经济竞争，这些都已经或正在改变着人们的传统认识。当今的网络经济正在孕育着全新的企业发展模式，青年的作用越来越大，如信息产业的“少帅”现象，35岁以下的青年是主力军。而且，随着知识经济的快速发展，这种趋势还在不断增强。可以说，青年在企业中不仅是生力军，而且正在成为主力军。青年不仅是未来，更是重要的现实力量。

古人讲“风起于青萍之末”，我们要敏锐把握企业及企业青年的新变化，有的放矢地开展青年工作，这样才能够有效地为企业改革发展和青年职工成长成才服务。

二、认清青年的根本需求，为青年成长成才服务

满足青年的特殊需求，为青年的成长成才服务，是共青团工作的立足点和出发点。共青团组织只有抓住了青年的最根本需求，才能为绝大多数青年提供服务，最广泛地团结青年。事实上，这些年哪里的团工作满足了青年的需求，哪里的团组织就会出现生动、活泼、健康的良好局面。

青年的需求是多种多样的，具体表现为：求知与成才的需求；劳动与就业的需求；生活和健康的需求；社交和娱乐的需求；恋爱、结婚和组建家庭的需求。

实践证明，当代青年的最根本需求是求知与成才的需求，就是在改革开放和现代化建设中建功立业、成长成才。为青年建功立业、成长成才的根本利益服务，既是共青团组织服务青年的基本内涵，也是共青团吸引青年的根本所在。

青年正处于人生最旺盛的时期，同时又是打基础、长知识的阶段，因此，渴望成才，成为本行业能手，是青年人勇于进取、不甘落后及事业心、成就感的最积极的体现，团组织一定要特别加以保护和提倡。国有大中型企业青年职工受到了较好的文化教育和技能训练，蕴藏着巨大的人力资源开发潜能，共青团组织要为青年成长成才创造条件、营造氛围、争取支持、提供导向、搭建舞台，帮助青年职工进入企业生产、经营、管理、服务、营销的主战场，引导他们把自我价值同企业发展联系在一起，在服务企业改革发展的过程中提高素质、实现成长成才的目标。要以创新创效为导向，引导青年立足岗位、艰苦创业，学习新知

识、掌握新技能、完善知识结构、提高知识水平，不断提高自身的综合素质，以适应新经济时代的新要求。

(一)引导团员青年爱岗敬业

把远大理想同求实态度结合起来，克服好高骛远的浮躁心态，踏踏实实，干一行、爱一行、钻一行，树立诚实守信、办事公道、奉献社会的职业道德。

(二)为青年人才脱颖而出搭建舞台

企业可以通过设立青年人才奖励基金、青年创新基金、青年论坛等多种形式，并将这些活动制度化、系统化开展下去，为青年施展才华、发挥聪明才智创造机会。还可以通过青年文明号、十佳青年、优秀团员等评选活动，对在企业建设中有突出贡献的团员进行表彰和宣传，使有才华的青年在岗位建功中脱颖而出。

(三)引导青年加强学习,培养适应公司发展需要的复合型人才

一是对新进入公司的团员青年，要重点帮助他们了解公司的发展史和企业文化、公司的规章制度、工作程序和行为规范，培养他们的敬业精神和职业道德意识，使他们尽快掌握业务，尽快从心理上适应岗位，顺利完成从在校学生到公司职员的角色转变。

二是通过举办各种专业知识讲座来加强在岗青年职工的业务培训，培训的内容侧重实用性强的业务技能。例如，中粮公司领导明确提出员工的基本技能方面必须做到“四会”，即至少会一门专业、会一门外语、会电脑操作、会公文写作。团组织就重点围绕以上几个方面会同公司人力资源部、信息部、总裁办等部室以讲座、短训班等形式对青年职工进行相关知识普及及应用培训，对青年基本素质的普遍提高起到了很好的推动作用。

三是把学习、读书活动作为团的重点工作内容来抓，为青年职工创造良好的学习氛围。团组织可以通过成立青年书架、建立外语学习角，

或者把每年某个月定为学习月，开展各类的竞赛、交流活动，在青年职工中掀起持久的学习热潮。

四是除组织相关学习和培训活动外，还要鼓励和提倡团员青年进行业务自学，参加夜大、电大、函大，参加国际商务师、律师、会计师等各种社会化职称考试，在公司形成浓厚的学习氛围，使青年职工产生不学习就会落后的危机感。

(四)切实关心青年生活，帮助青年解除后顾之忧

为青年服务是团工作的基本宗旨，除了从岗位成才角度为青年的前途和进步创造条件外，团组织还应从细节入手，切实关心团员青年的生活。在团员过生日的时候为他们送上一份小礼物，表达一份祝福、一份心意，让团员青年切实感受到组织的关怀。对于家在外地的单身青年，在中秋节等传统佳节来临的时候，可以适当组织一些座谈茶话活动，使团员青年能在“每逢佳节倍思亲”的日子里感受到家庭般的温暖，增强团组织的凝聚力。我们都知道，青年进入社会，交往的需要越来越强烈，他们希望通过社交活动，结交各方朋友，建立真诚友谊，因此，团组织应积极与兄弟单位联系，通过联谊会、游园会等形式多创造接触相识的机会和条件，多为大龄青年朋友牵线搭桥。对于团员的实际困难，要及时向相关部门反映，协同有关部门了解情况、解决问题，帮助团员青年解除生活中的后顾之忧。总之，只有设身处地为青年们着想，真正使团组织成为青年之家，才能把更多的青年朋友吸引到团组织周围，使共青团工作的根基越来越深厚。

第四节 不断加强团的基层组织建设

团的基层组织是团的全部工作和战斗力的基础。随着经济体制改革的深化，企业的结构调整、资产重组、技术进步、产业升级、建立现代企业制度等都在加紧进行，这些结构性、体制性的深刻变革，给团的组织建设带来越来越多的新情况、新问题，使团的基层组织建设面临更广阔的背景和更高的起点。共青团组织要带领团员青年肩负起历史的责任，更好地履行自己的职能，就必须适应改革的进程，坚持不懈地加强团的组织建设。

一、不断增强基层团组织的凝聚力和战斗力，激发团组织的活力

检验组织建设成效的唯一标准是团组织的作用发挥。只有在服务企业改革和发展、服务青年成长成才中发挥了作用，这个组织才是好组织。多年来，基层团组织建设的实践表明，加强基层组织建设不能就建设论建设，不能就团论团，要在改革开放的大背景中，以活动促建设，以建设求活力，推动团的建设和团的活动两个“轮子”一起转。

基层团委是承上启下、左右联系的关键环节，发挥着牵动辐射作用，特别是在市场竞争日趋激烈、团的工作方式日趋社会化、团的专职干部减少而兼职干部增多的形势下，基层团组织的工作主体作用显得更为重要。加强基层组织建设要有一套科学的评价体系和有效的激励机制，而且必须持之以恒、常抓常新。总之，要在建立机制上下功夫，确保基层团组织建设持续进行下去。

二、通过建立团建责任制，将基层团组织建设纳入制度化轨道

制定和实施团建责任制要紧紧围绕“吃透精神、把握需求、找准问题、明确目标、落实责任、加强考核”的工作方针。

一是“吃透精神”。通过参加各种会议和学习文件，深刻领会党组织和上级团组织就新形势下如何加强团组织建设所作出的指示精神。

二是“把握需求”。深入到企业基层中，通过座谈、问卷调查、个别访谈等多种形式，认真分析和准确把握企业和青年对团组织提出的各方面的动态需求。

三是“找准问题”。对照团章和有关标准，认真查找本单位团组织建设和团的作用发挥中存在的突出问题和薄弱环节，并进行分类。

四是“明确目标”。紧密围绕班子建设、主题活动、支部建设、活动阵地等四方面内容，根据本单位团组织的实际状况，提出加强团组织建设的阶段目标和任务。制定目标和任务时，要注意针对性和可操作性，能够量化的尽可能量化，便于检查和考核。

五是“落实责任”。将团建的目标任务进行分解，通过和责任人签订责任书的办法把团建责任内容落实到具体的组织和人员上。

六是“加强考核”。本着“创建在基层、考核在基层”的原则，以班子建设、主题活动、支部建设、活动阵地为基本内容，对责任者进行考核。特别是要注意以服务对象作为实施考核的主体，即要以本单位党政部门和团员青年的评价意见作为主要依据。

三、进一步加强团的领导班子管理，建设高素质的团干部队伍

要按照干部“四化”方针和德才兼备原则，配齐配强团的干部，真正把政治素质好、工作能力强、有热情、有威信的优秀青年选配到团的干部队伍中来，围绕加强团的领导班子建设，进一步健全和完善各项工作制度，规范管理程序。加大对专兼职团干部的培训力度，适应现代企

业建设和发展的需要，努力提高团干部的理论水平、思想品德修养和为人民服务的本领，使团干部做到专有水平、兼有责任。

四、积极推进五四红旗团委创建工作

遵循以活动促建设、以建设求活力、重在建立机制的工作方针，按照“四好”的标准，强化企业团委在团的各项活动中的主题作用，带动和加强团支部建设。要加强对团员的教育和管理，加大“推优”工作力度。要在坚持团员发展标准的前提下，大量吸收先进青年加入团组织，注重在生产和科研第一线发展团员，做好流动团员的管理工作。要积极争得党政领导的支持，根据企业的实际情况，提出和制定符合实际的团的经费标准和筹集办法，以保证团的工作经费有稳定的来源渠道。要加强活动阵地建设，建立业余党校、团校、青年读书俱乐部、青年兴趣活动小组等形式的阵地，形成能够为团员青年成长提供服务的依托载体，使基层团的工作更加行之有效。

五、进一步探索党建带团建的工作思路、机制建设和具体措施

总结新形势下加强基层团组织建设的经验和做法，积极探索既符合共青团性质、职能要求，又与现代企业制度相适应的团的组织设置、工作运行机制和保证监督机制。要与党组织的设置和调整相协调，合理设置团的组织和工作机构，在企业党组织的支持下，积极争取将团组织纳入企业法人治理结构。积极探索通过建立党委青年工作部和青年工作委员会等形式，拓展新形势下企业团组织的工作覆盖面，更好地发挥基层团组织的助手作用、后备军作用。

第五节　积极探索适应现代企业制度的青年工作体系

改革开放以来，特别是在建立社会主义市场经济体制的过程中，我国经济生活发生了深刻的变化。要适应团的工作的创新和发展，离不开对青年和团情的正确认识。概括讲，有以下几方面新情况。

一、坚持共青团组织在青年工作体系中的核心地位

在改革开放和现代化建设深入发展的进程中，伴随着我国社会经济结构的新变化，已经并将出现许多兴趣性和区域性的包括青年社团在内的社会组织。这些组织大多以青年为主要工作对象，对青年有着多方面的影响。共青团在青年工作中发挥核心作用是党的一贯要求，团章明确规定，要把共青团建设成为团结教育青年的坚强核心。这就要求共青团作为党领导的先进青年的群众组织，必须在青年工作中发挥核心作用，以保证党对青年工作的领导，使青年运动始终沿着正确的方向前进。

二、积极探索青年服务体系

团组织要树立大服务的思想，充分认识到团组织现在开展的各项思想教育、素质提高、作用发挥等活动都是青年服务体系的组成内容，从眼前的工作入手，深入研究各项活动的内在联系和相互作用，在建立健全活动机制上大胆创新，把服务青年作为团的工作的出发点和归宿，加大服务力度，围绕青年成长成才开展多方面切实有效的服务，把广大青年吸引、凝聚到团组织中来。

三、积极探索青年组织体系

团组织要深入研究和建立与现代企业制度相适应的符合本企业特点

的青年组织体系，坚持把团组织优势的发挥与企业行为结合起来，把组织设置与建立现代企业制度结合起来，增强组织设置的灵活性，扩大团组织的覆盖面，努力做到哪里有青年，哪里就有团的组织和工作。企业团组织要注意与企业所在社区团组织的联系协作，探索企业团工作从以单位为主转到单位与社区并重的途径，加强企业青年联合会、青年志愿者协会、青年企业管理者协会等各类青年社团的管理和建设，构建新型纽带，延长工作手臂，更广泛地联系青年。

四、积极探索青年社会参与体系

团组织要通过构建青年社会参与体系，充分履行各种社会职能，扩大团组织的影响。首先，继续深化青年志愿者活动，开展保护母亲河行动，丰富青年文化体育活动，为企业文化建设、可持续发展战略和完善社会保障体系作贡献。其次，要加强与工会、妇联等组织的横向联系，形成优势互补，发挥党群工作整体优势。最后，要积极发挥青年的监督作用，反映青年意愿和呼声，切实维护青年权益。

五、积极探索团的工作社会化运作和事业化发展，增强团组织活力

团组织要充分发挥共青团的动员组织优势。一是要选准能吸引青年、影响社会的活动项目，抓好活动载体，吸纳社会资源，使团的工作得到社会的广泛支持。二是要以办事业的精神切实加强各种阵地建设，特别是青年宣传阵地、教育阵地、文化活动阵地建设，注重加强网络阵地建设，扩大共青团工作的影响力和渗透力。

第三章　国有企业团组织的基本职能

国有企业团组织的基本职能，主要包括辅助企业人力资源开发、辅助企业增强内在凝聚力、帮助青年员工理解和支持企业发展所必需的思想意识、辅助企业形成有效的激励约束机制、积极为企业员工提供非正式交流的渠道和机制、通过选拔使用企业专兼职团干部为企业培养复合型后备经营管理人才等。

第一节　辅助企业人力资源开发

人力资源开发是有目的地对特定社会成员进行教育、培训、管理、塑造和思想引导，从而提高成员的才能，增强成员的活力或积极性，挖掘其潜能的一系列活动。企业人力资源开发就是要提高员工工作能力、工作效率和工作热情，增强其创新创造能力，提高工作绩效。

人力资源开发是企业获得竞争优势的基础，是企业永恒的管理主题，人力资源开发与管理是企业每个职能部门和每位管理者都应履行的责任。作为我国国有企业来说，坚持党的领导、加强党建思想政治工作是我们的独特优势，党群组织在推动企业发展、凝聚人心、服务群众、营造和谐等方面发挥着重要作用，同时也在人力资源开发方面凸显出鲜明优势。我国国有企业在党的坚强领导下培养了无数的专业人才，奠定了国有企业腾飞的基础，作为党领导下的先进青年的群众组织，共青团也以其特有的政治、组织和工作优势，在推进企业青年人力资源开发中发挥着重要作用。

辅助企业人力资源开发，一直是共青团组织在促进企业发展方面最重要、最成功的工作切入点和贡献所在。企业团组织充分发挥作用的关键是要能找准工作的切入点。一方面，企业以生产经营为中心，为实现健康持续发展，必须配足人力资源。而青年是企业人力资源中最具活力、最有潜力、不断成长型的资源。为服务于企业生产经营这个中心任务，企业团组织要将青年人力资源开发作为重要的工作职责，大力开展促进青年成长成才的各类活动。另一方面，从履行服务青年职能来看，青年都希望自身能力能不断提升，以实现自己的职业目标与人生价值。

这也要求共青团必须正确引导，提供平台、创新载体、营造氛围，积极辅助青年人力资源开发，帮助青年提升能力、实现价值。只有这样，企业团组织才能既实现企业目标，又满足青年所盼，吸引并凝聚青年。

国有企业团组织在人力资源开发中扮演着重要的角色，主要通过以下几个方面来发挥辅助人力资源开发的作用。

一是组织结构优化。国有企业团的基层委员会一般由7至9人组成，其中包括书记、副书记以及一定数量的常务委员。这种组织结构有助于确保决策的民主性和效率性，同时也能够适应企业发展的需要，便于进行适当的人员调整。

二是人才发展平台搭建。通过实施人才强企战略，搭建人才发展平台，如实施青年企业家培养工程和重点专项人才改革，加强优秀青年人才培养，推动企业全面实施经理层任期制和契约化管理。这些措施有助于挖掘和运用人才资源，提升员工业务能力和素质，进一步激发员工工作积极性。

三是人才引进与培养。坚持量质并举，厚植发展优势，推动“人口红利”向“人才红利”升级。通过建设知识型、技能型、创新型劳动大军，加大人力资本投资力度，改善人力资源要素质量。这包括优化技工院校专业设置、开展职业技能培训等，以提升员工的技能水平和创新能力。

通过以上措施，国有企业团组织不仅能够优化企业内部的人力资源结构，还能通过提供学习和发展的机会，促进员工的个人成长和职业发展，从而辅助企业实现人力资源的有效开发和利用。

第二节　辅助企业增强内在凝聚力

在知识经济时代，员工是企业的第一生产力，是企业独特的资源，是企业不断发展的动力所在。当前，仍然有不少企业出现人心涣散、职工流动比较频繁、凝聚力不强等现象，这对于企业来说，既有较大的技术流失风险，也有较大的员工培训成本。如何留住员工，提高企业整体的凝聚力和向心力，是每个企业的高层管理者必须重视的工作内容之一。

一、影响员工凝聚力的原因

一是员工个人忠诚度下降。我国正处于社会主义初级阶段，市场经济体系还不尽完善，市场主体的组织形式和分配方式等都不一样，员工在这个大的市场环境下，具有广阔的选择空间。面对其他企业相对优厚的待遇，员工很有可能会放弃当前的工作，而去追求个人新的就业目标，这不仅造成企业人才的流失，也同时造成人才培养成本的增加。

二是薪酬与贡献不对称。薪酬是员工付出劳动获得的报酬，它在一定程度上反映了企业对员工价值的肯定，因此，员工对薪酬普遍非常关注，不仅关注薪酬的绝对水平，也关注薪酬的相对水平，并在关注中衡量自身价值是否得到认可。如果薪酬设置不具备激励性和公平性，就很有可能造成人才流失。

三是工作环境不和谐。员工希望在工作中除了能实现自身价值外，还希望有愉悦的工作环境，并且希望能得到管理者的认可和关心。如果没有一个团结协调、公平竞争、求真务实、民主和谐的环境氛围和良好的人际关系，他们就有可能感到自身发展无望和心情不畅，凝聚力自然也就下降。

二、增强企业员工凝聚力和向心力的路径思考

一是企业文化的营造。良好的企业文化是营造企业核心竞争优势必不可少的基本要素，也是增强员工凝聚力的重要因素。企业文化具有凝聚、导向、优化、辐射、教化等多种功能，它能在无形中增强员工的凝聚力和向心力。首先，在企业文化建立过程中，要让员工参与管理，满足他们自我实现的需求，提高他们的责任感，并在企业文化建立的过程中，形成共同的目标和共同的价值观。其次，企业文化需要载体进行传播。在建立一套企业文化之后，要通过载体来传播，比如通过各种娱乐活动等来进行文化的传播。最后，企业必须健全各项规章制度来贯彻实施，推动文化管理的渗透，以制度约束人，寓“管”于“理”之中。

二是合理的薪酬与奖罚机制。合理的薪酬，在提高员工积极性和促进工作效率等各方面一直发挥着巨大的作用。薪酬的多少，不仅仅可通过物化的形式来体现，更能通过这个物化的过程来判断个人价值是否在某种程度上得到企业的肯定，从而实现自我满足感。因此，要增强企业员工凝聚力和向心力，一方面要在薪酬的设置上保证公正性、合理性和激励性，用量化的经济指标来衡量员工不同的能力和价值；另一方面要形成规范的奖罚考核机制。在人事管理工作中，考核是最基础的工作，是其他人事工作的重要参考。因此，要增强员工的凝聚力和向心力，就必须形成一套科学、公正的人事考核制度。只有做到考核的相对公平，才能使员工抱怨最小化，工作效率最大化，并有效消除内部磨擦，团结一致，积极工作，围绕管理层形成强有力的凝聚力和向心力。

三是个人的管理魅力。优秀的企业领导可以通过个人的管理魅力给

员工带来信心和力量，激励员工的积极性。因此，这就要求企业领导能从以下几个方面来提高个人的管理魅力。首先，管理层树立良好的形象。管理层首先要以身作则，严格按照公司的规定，廉洁自律，树立良好的个人形象，以此取信于员工。其次，以人为本，关心员工。管理层要经常深入到员工的工作和生活中去，关心员工，了解员工的心声，取得他们的信任，真正从员工身上了解到他们的真实想法，使领导与员工之间，既是上下级领导关系，也是坦诚的朋友。管理层在了解到员工的想法后，并竭尽全力帮助他们。最后，营造和谐的工作环境。企业领导要深入基层，不断改善员工的工作环境，为员工提供良好的文化娱乐场所，丰富员工的精神文化生活。总之，优秀的企业领导必须深入群众的工作和生活，急他们所急，想他们所想，并在这个过程中，构建良好的人际关系，树立良好的形象，以个人的管理魅力增强员工的凝聚力和向心力。

四是为员工提供广阔发展空间。企业要为员工提供广阔的发展空间，充分授权，相信员工的能力，多考虑员工的想法和建议，这样不仅可以把员工的创造性都激发出来，同时也能让员工感觉到自己被管理层尊重和重视。

三、国有企业团组织在增强企业内在凝聚力方面的重要作用

国有企业团组织在增强企业内在凝聚力方面发挥着重要作用，主要从以下几个方面来实现。

一是加强思想政治教育。通过组织专题学习、集体研讨、参与党日活动等方式，加强团员青年的思想政治教育，增强他们“听党话、跟党走”的行动自觉，从而提升团组织的凝聚力和战斗力。

二是开展丰富多彩的团建活动。通过举办羽毛球赛、青年联谊会、座谈会等活动，为青年员工提供展示才干的平台，缓解工作压力，增强

团队之间的交流与合作精神，激发创新活力和工作热情。

三是注重思想引领。通过开展主题教育、形势任务教育、演讲、征文、微电影等活动，加强对青年员工的思想引领，帮助他们树立正确的价值观和职业观，增强社会责任感和归属感。

四是结合工作实际，强化融入性。将共青团工作与企业的安全生产、经营管理、改革创新等方面相结合，发挥共青团的组织优势和资源优势，为企业发展贡献力量。

五是发挥先进典型的引领作用。通过树立典型和榜样，让团员青年学有目标、赶有方向，引领广大团员青年在本职工作中争创一流。

通过上述措施，国有企业团组织不仅能够增强企业内部的凝聚力，还能激发青年员工的工作积极性和创新精神，为企业的发展提供强大的动力和支持。

第三节　培养青年员工自觉养成关心和支持企业发展的思想意识

企业的发展需要正确思想意识的支撑。培养企业员工特别是青年员工的创新意识、风险意识、竞争意识、效率意识，对于企业长远发展具有重要作用。共青团作为思想性、政治性组织，在传播党的路线方针政策的同时，应有主动结合实际参与传播有利于企业发展的思想意识。要通过开展“创新创效”等活动，提高青年员工参与技术创新的积极性；要通过思想性活动帮助青年员工增强风险意识，正确面对企业可能面临的各种不确定性，正确理解企业为克服困难和不确定性所作出的各种经营决策，支持和帮助企业管理者坚定信心、克服困难；要帮助青年员工树立竞争意识，引导他们理解企业为应对激烈竞争采取的阶段性应急措施；要通过开展技能性活动，提高青年员工的效率意识，激发青年员工为企业发展执着拼搏的精神动力。

新形势下加强国有企业团员青年思想政治工作的策略，应从以下几个方面开展。

一是以人为本，强化团组织服务功能，提升思想政治教育工作的针对性。企业团组织应主动走近团员青年，及时掌握青年的思想脉搏，了解青年的所思所想和所求所盼，想青年之所想，急青年之所急，多为青年出实招、办实事，确确实实为他们的成长成才创造条件，使团员青年信任并真心融入团组织。

二是以需定教，激活团组织内在活力，提升思想政治教育的灵活性。企业团组织开展团员青年思想政治教育工作时，要从青年的实际需求出发，努力克服思想教育工作力度不足、内容单一、形式老旧等弊端，满足青年对思想政治教育常态化、多样化、创新性等要求，真正使青年认同。首先是以习近平新时代中国特色社会主义思想、党团理论、社会主义核心价值观等科学理论为基础，将企业文化和岗位技能知识等有效融入其中，丰富教育内容；其次是以重大纪念活动为载体，以建党纪念日、新中国成立纪念日、五四青年节等重大节日为契机，广泛开展知识竞赛、征文比赛、志愿服务等青年喜闻乐见的活动，创新教育形式；再次是以企业内部刊物、有线电视、企业宣传栏等传统媒体和微博、微信公众号等新媒体为宣传阵地，常态化开展思想政治教育；最后是采取线上线下相结合的方式，及时对青年的思想困惑作出针对性的解答，对青年的模糊认识加以正确的引导，在潜移默化中强化对青年的思想政治教育。

三是以考督进，打造高素质团干部队伍，提升思想政治教育的实效性。思想政治教育工作的内容性和服务性极强，国企团干部必须具备扎实的理论基础、较强的工作能力和自觉的奉献意识。国有企业要建立健全团干部培养制度和考核制度，通过定期或不定期的思想政治理论考试，检验团干部对理论知识的掌握程度；通过将团建工作情况纳入个人业绩考核，检验团干部工作落实情况；以理论考试与绩效考核相结合的方式，督促团干部在团建工作中不断追求上进，打造一支组织放心、青年满意的高素质团干部队伍，不断提升思想政治教育工作的效率和效果。

四是以党带团，将团建融于党建之中，提升思想政治教育工作的长效性。群团事业向来是党的事业的重要组成部分，紧紧依靠党是共青团多年发展的经验。党建带团建，根本在“建”，团组织要注重“内功”，加强自身建设。党建带团建，关键在“带”，党组织要通过思想、机制、队伍、活动、作风等方面带动团组织的建设。团组织要充分发挥自身能动性，紧跟党建重点，促进党团互动，开创以党带团、党团共进的良好局面。

第四节　辅助企业形成有效的激励约束机制

企业是分工协作极其严密的组织体系，严格的管理是保证企业有序运转的重要基础。企业共青团组织要引导青年员工充分认识企业组织体系的运行机理，了解企业各项管理制度和措施的意义，树立起奖惩严明的企业管理意识，自觉服从和遵守企业生产经营的各项制度和措施，自觉落实企业的各项决策，按照企业要求努力争做一流，保证企业各个环节、各个部门的有效协作，促进企业协调发展。

一、企业激励约束机制的概述

激励约束是现代经济学和管理学的重要内容，它一般包括五个基本要素，即激励约束主体、客体、方法、目标和环境条件，是解决谁去激励约束、对谁激励约束、怎样激励约束、向什么方向激励约束以及在什么条件下进行激励约束的问题。正确把握激励约束的五个要素，对建立有效的激励约束机制至关重要。

激励与约束有着不同的功能，两者又是相辅相成的，缺一不可。首先是激励，没有激励就没有人的积极性；而没有积极性，一切经济发展就无从谈起。同时，每个人要对他的经济后果负责任。也就是说，他的行动要受到约束。在实际工作中，要具体情况具体分析，在偏重激励或者约束之间适当地作出选择。只有把二者很好地结合起来，才能调动经营者的积极性，并与所有者利益一致，实现激励兼容。

激励约束机制是以员工目标责任制为前提、以绩效考核制度为手段、以激励约束制度为核心的一整套激励约束管理制度。在激励约束体系中，目标责任制是激励约束机制建立和实施的前提和依据。没有对目标责任的绩效考核，对员工的激励与约束就缺乏依据。绩效考核制度是联结目标责任制与激励约束机制的中间环节，是科学评价、认定目标责任完成情况的主要手段，也是激励约束机制正确实施的前提。绩效考核制度制订是否科学合理，直接关系到对目标责任完成情况的评价和认定，也关系到整个激励约束机制是否得以顺利贯彻执行及能否达到预期目的。激励约束是目标责任制和绩效考核所要达到的目的，恰如其分的激励约束机制的实施，除了能提升企业员工的生产经营积极性之外，还会规范员工的行为，从而促进企业经济社会效益的提高。相反，不恰当的激励约束在压制员工生产经营积极性的同时，还会助长员工的偷懒及其他不利于企业发展的行为，从而制约企业的进一步发展。

二、国有企业团组织辅助企业形成有效的激励约束机制的重要举措

国有企业团组织可以通过加强团组织建设、创新活动形式以及构建经费保障机制等方式，辅助企业形成有效的激励约束机制。

首先，加强企业团组织建设是做好共青团工作的前提。这包括建立健全企业团组织体系，确保团组织覆盖到企业的各个部门，以及加强团组织的规范化管理、完善团组织的各项制度和规定等。通过这些措施，可以提高团组织的执行力和凝聚力，以团干部素质提升带动企业共青团工作向前迈进。

其次，创新活动形式也是关键。团建活动是共青团工作的重要组成部分，通过创新团建活动形式，可以激发青年的活力，促进青年的成长。例如，可以开展形式多样的文体活动、志愿服务、创新创业等活动，以激发青年员工的参与热情。这样的活动不仅可以提升青年的参与度，还能增强企业的凝聚力和向心力。

最后，构建经费保障机制也是必要的。积极争取党政支持共青团工作的经费保障，切实用好、用活政策，力争获得更加充分的经费保障。团组织的经费主要来源是团员交纳的团费，同时也要充分运用和整合企业资源，通过党工团联动新模式，整合资源形成合力，使团组织的各项工作能够正常开展。

通过以上措施，国有企业团组织可以有效地辅助企业形成有效的激励约束机制，从而提升员工的工作积极性和企业的整体绩效。

第五节　积极为企业员工提供非正式交流的渠道和机制

企业的学习有两种，一种是正式的组织化学习，还有一种是非正式

交流。对于企业内部较为严格的科层化格局，团组织作为具有网络优势的群团组织，既可以为青年员工提供正式交流的平台，又可以为青年员工开展企业内部和与企业外部的非正式交流。当前，全国的工业产业布局已经鲜明地出现区域化集中的态势，大量的开发区、高新区，也是产业的聚集区，在发展过程中格外需要非正式交流，这也正是开发区、高新区企业共青团工作的一个重要突破口。

一、非正式沟通的内涵

非正式沟通指的是正式沟通渠道以外的其他信息交流和传达方式。非正式沟通一方面满足了员工的需求，另一方面也补充了正式沟通系统的不足，是正式沟通的有机补充。在许多组织中，决策时利用的情报大部分是由非正式信息系统传递的。

非正式沟通和正式沟通不同，它的沟通对象、时间及内容等，都是事先难以确定的。如上所述，非正式组织是基于组织成员的感情和动机上的需要而形成的，其沟通途径是通过组织内的各种社会关系，这种社会关系超越了部门、单位以及层次。

绝大多数时候，非正式沟通的发展也是配合决策对于信息的需要的。这种途径较正式途径具有较大弹性，它可以是横向流向，也可以是斜角流向，一般都比较迅速。在许多情况下，来自非正式沟通的信息，反而获得接收者的重视。由于传递这种信息一般以口头方式，不留证据、不负责任，许多不愿通过正式沟通传递的信息，却可能在非正式沟通中透露。

美国通用（GE）公司执行总裁杰克·韦尔奇（Jack Welch）被誉为“20世纪最伟大的经理人”之一。在他上任之初，美国通用公司内部等级制度森严、结构臃肿，韦尔奇通过大刀阔斧的改革，在公司内部引入“非正式沟通”的管理理念，他经常采用给员工留便条或亲自打电话通知员工这种“非正式沟通”方式。在他看来，沟通是随心所欲的，他努力使公司的所有员工都保持着一种近乎家庭式的亲友关系，使每个员工都有参与和发展的机会，从而增强管理者和员工之间的理解、相互尊重和感情交流。

一些企业和组织在公司的网站上设立了相关论坛、留言板等多种非正式的沟通渠道，在这些渠道当中，组织成员的沟通一般是在身份隐蔽的前提下进行的，这些沟通信息能够较为真实地反映组织成员的一些思想情感和想法。对于组织领导者来说，掌握了解这些信息资料是有利于他们日后的管理沟通工作的。

二、非正式沟通的优缺点

同正式沟通相比，非正式沟通的优点是：沟通形式灵活，直接明了，速度快，省略许多繁琐的程序，容易及时了解到正式沟通难以提供的信息，真实地反映员工的思想、态度和动机，能够建立团体中良好的人际关系，对管理决策起重要作用。

非正式沟通的缺点主要表现在：非正式沟通难以控制，传递的信息不确切，容易失真、被曲解，并且它可能促进小集团、小圈子的建立，影响员工关系的稳定和团体的凝聚力。当然，如果能够对企业内部非正式的沟通渠道加以合理利用和引导，就可以兴利除弊，帮助企业管理者获得许多无法从正式渠道得到的信息，在达成理解的同时解决潜在的问题，从而最大限度地提升企业内部的凝聚力，发挥整体效应。

三、为企业员工提供非正式交流的渠道和机制的重要举措

为企业员工提供非正式交流的渠道和机制可以通过以下几种方式实现。

一是设立开放的办公环境，鼓励员工之间进行交流和合作，从而促

进非正式沟通的发生。

二是加强对非正式沟通的管理，建立相应的信息收集和反馈系统，及时了解和分析员工之间的非正式信息交流。

三是注意从非正式沟通中获取有价值的信息，帮助解决问题，改进工作。

四是利用纪念活动和主题会，如公司成立纪念日等特殊日子举行纪念活动，结合宣传公司历史，向员工灌输企业文化理念，加深员工对公司的了解，增强公司的凝聚力。

五是举办展览式主题会，与员工的业余活动有机结合，将员工的小发明、小制作、集邮、收藏等进行不定期的展览，活跃员工生活，倡导健康向上的休闲方式。

六是提倡和实施非正式多渠道沟通，如利用社交媒体、企业内部通讯工具等，为员工提供一个自由交流的平台。

通过上述措施，企业可以有效地促进员工之间的非正式交流，增强团队凝聚力，提高工作效率，同时也有助于企业文化的建设和传播。

第六节　为企业经营发展培养后备干部人才

人才是企业的第一资源，是战略的最终执行者，是企业健康可持续发展的保证。培养、吸引、用好人才是强企之基、竞争之本、转型之要，是新质生产力发展的要素之一，更是推进战略达成的关键和保障。企业的高质量发展必须有高质量的人才队伍作支撑。

企业的一切活动都是围绕创造价值展开的，想要持续保持高效经营，就要有一套科学高效的利益驱动机制。因此，聚焦价值创造，解决正确评价价值和合理分配价值的问题，是激励员工全力为客户和企业创造价值的关键。

企业的长远发展需要培养一大批能力全面、综合素质高的经营管理人才。作为一名合格的企业管理者，必须是一个综合素质全面的复合型人才，应当具备两个层次的能力结构，一是社会化技能，二是对企业各个体系的全面掌握。

优化人才队伍结构是企业深化改革、推进精细化管理必须解决的第一要务。例如，中建科工广西公司以优化人才结构为主线、以提升人才素质为核心、以调控人才规模为抓手、以激发人才活力为动能，聚焦价值创造，探索出了适合自身发展实际的复合型人才队伍建设模式，为企业的高质量发展聚力赋能。中建科工广西公司的经验主要有以下几个方面。

一是以培养复合型管理能力为重点，加强市场营销人才培养。中建科工广西公司于 2021 年底组建成立，它的首要任务是迅速开拓市场，做大规模，打造一支综合素质高、业务能力强的营销队伍。该公司深刻认识到，市场营销工作对人员素质综合性要求较高，应制定专项人才培养计划，加强开展融资、投资、营销等业务知识培训，不断锻炼营销队伍，提升业务水平。

二是以新业务（工程、商务、机电、设计、技术等）专业技术人才队伍为重点，加强履约人才队伍建设。中建科工广西公司紧跟市场步伐，加强对履约人员建筑施工领域新知识的普及，重视履约人员学历层次的继续教育，加强新业务一级建造师等专业取证工作，组织现场交流学习，提高技术管理、技术攻关、科技创新和成果转化的能力，培养出一批新业务专业技术人才队伍。

三是以党建人员队伍建设为重点，加强复合型党务工作者队伍建设。党的十八大以来，中建科工广西公司党务工作不断加强，通过举办党务知识培训班，与属地政府开展联建共建活动等形式，着力提高党建综合人员的政治理论水平和开展思想政治工作的能力，并以党建带团建，使企业团组织在凝聚、服务青年员工中发挥重要作用。

第四章　国有企业共青团的组织建设

随着国有企业改革的深化，企业团组织的工作方向和方式方法也迎来了新的机遇和挑战。新形势下，国有企业团组织建设如何适应新特点、探索新走向，是摆在国有企业及其团组织面前的一项重要议程。

第一节　国有企业团的组织架构

团的基本组织形态是团的基层委员会（简称“团委”）和团的支部委员会（简称“团支部”），团支部是最基本的组织单元。由基本组织派生出的团的其他组织形态有团的工作委员会（简称“团工委”）、团总支部（简称“团总支”）。《中国共产主义青年团章程》（简称团章）规定，凡是有团员三人以上的，都应当建立团的基层组织。团的基层组织，根据工作需要和团员人数，经上级团的委员会批准，分别设立团的基层委员会、总支部委员会、支部委员会。在基层委员会、总支部下建立支部。工作需要的，在基层委员会下也可以建立总支部。在一个支部内可以分若干个小组。支部委员会、总支部委员会由团员大会选举产生，其中大、中学校学生支部委员会每届任期一年，其他每届任期三年。基层委员会由团员大会或代表大会选举产生，每届任期三年至五年，一般与同级党的委员会任期保持一致。团的基层组织设置应从实际出发，可以不完全与党组织和行政建制对应。

共青团作为中国共产党领导的先进青年的群众组织，不仅是中国特色社会主义和共产主义的学习场所，还是中国共产党的助手和后备军。而企业团组织的组织架构和活动的设计，都是从企业的实际情况出发，旨在扩大共青团的工作对象范围，更好地发挥企业团的作用。这种设计不仅有利于共青团事业的发展，还有利于促进企业的生产经营，最终服务于青年的成长成才。

第二节　国有企业团组织的领导体系

团章规定，中国共产主义青年团中央委员会受中国共产党中央委员会领导，团的地方组织和基层组织受同级党的委员会领导，同时受团的上级组织领导。企业、农村、机关、学校、医院、科研院所、街道社区、社会组织、人民解放军连队、人民武装警察部队中队和其他基层单位，凡是有团员三人以上的，都应当建立团的基层组织。

国有企业团组织是团的基层组织，要接受同级党组织的领导，同时接受上级团组织的领导。《中国共产党章程》规定："企业事业单位的团委员会书记，是党员的，可以列席同级党的委员会和常务委员会的会议。"在没有建立党组织的企业，团组织应该接受上一级团组织的领导，同时主动争取企业管理层的支持和帮助，积极围绕企业生产经营，找准共青团组织根本属性、根本任务与企业根本功能相融合的工作切入点，为促进企业发展、服务青年成长贡献力量。

企业团组织内部实行集体领导和委员个人分工负责相结合的方式。企业团的各级委员会（包括支部委员会）是一个集体领导机构，重大事项应发挥集体智慧，经集体研究，按照少数服从多数的原则作出决定，保证领导工作的正确性。各位委员要按照内部分工，在自己的职责范围内独立地、认真地完成工作任务。

企业团的委员一般包括组织委员、宣传委员、文体委员、生产委员等，具体根据企业需要设置。

第三节　国有企业建团模式

企业建团模式分为：独立建团、生产线建团、项目建团、青年集居地建团、楼宇建团、依托建团、兴趣建团和联合建团。

独立建团是指单个企业或某个车间、部门独立成立团组织。生产线建团是指在企业的生产线上成立团组织。项目建团是指在企业外派项目组成立团组织。青年集居地建团是指在从业青年集中居住的区域成立团组织。楼宇建团是指同一楼宇内不同企业联合成立团组织。依托建团是指不能单独成立团组织的企业，依托其他企业团组织建立团组织。兴趣建团是指根据青年的兴趣爱好成立团组织。联合建团是指在一定区域内不具备独立建团条件的企业联合起来成立团的组织。

企业建团模式主要围绕加强团的引领作用、促进青年成长成才以及通过团队建设活动来增强企业内部凝聚力和促进企业发展。企业建团模式包括以下几个方面。

一是加强团的引领作用。通过坚持党的领导和加强党的建设，确保企业团组织沿着正确的方向前进。面对青年思想观念和价值选择的多元化，企业团组织需要通过调查研究等方式，提升思想引领的穿透力，铸牢青年的思想根基。

二是促进青年成长成才。企业团组织作为青年学习中国特色社会主义和共产主义的学校，应当从有利于青年成长成才的角度出发，研究扩大共青团的工作对象范围，更好地发挥企业共青团的作用。团组织应为青年提供交流平台，促进青年的专业发展和个人成长。

三是增强企业内部凝聚力。通过团队建设活动，如自我管理的小组形式，让员工参与完整工作过程或其中一部分工作，通过共同的工作目标增强团队成员之间的信任和合作，实现团队绩效的最大化。

四是服务企业发展。企业团组织应通过开展共建活动，如上市企业团组织共建，构建资源共享、优势互补、需求对接的共建新格局，激发企业团的工作活力，从而推动企业的发展。

五是创新工作模式。探索新的团建工作模式，如“党建带团建”，通过有效的青年工作机制和模式，促进青年的成长和发展，为企业的稳定和发展提供动力。

企业建团模式旨在通过加强团的引领作用、促进青年成长成才、增强企业内部凝聚力、服务企业发展以及创新工作模式等措施，实现共青团在企业中的有效运作和对企业发展的积极贡献。

第四节　国有企业建团程序

企业团组织是共青团的基层组织。符合建团条件的企业可以与当地团委联系，并提出申请。具体程序如下。

一、提出建团意愿

如所在企业有党委（党支部），须先征得党委（党支部）的同意，再向上级团组织提出申请；如所在企业没有党委（党支部），应争取企业经营管理层支持，直接向上级团组织提出申请。

二、向上级团组织提出正式申请

申请书中应该包括以下内容：申请设立团委、团总支或团支部的理由；本单位团员人数及分布情况；成立企业团组织筹备委员会的情况。如果申请设立团委或团总支，要说明团组织机构设置情况（即计划下设总支部数、支部数）。

三、上级团委对申请单位进行考察

收到企业正式申请之后，上级团委应该及时组织人员对申请单位进行考察。考察内容一般为：上报情况是否属实；委员会人数是否符合团章规定；领导班子人选是否具备条件等。

四、筹备委员会召开团员大会

上级团委考察完毕并认可后，筹备委员会可以召开全体团员大会。团员大会的主要议程是：按团内民主选举程序选举产生团委、团总支或团支部委员会；确定所有委员人数及名单；大会之后召开全体委员会议，明确工作内容和工作分工等。

五、向上级团委递交选举结果报告

团员大会召开后，筹备委员会应及时向上级团委递交关于选举结果的报告。报告主要内容包括：选举工作情况；选举产生的书记、副书记、委员名单等。

六、上级团委对报告进行审批

收到企业团组织筹备委员会的报告后，上级团委应及时研究。如符合建团条件，应及时下发正式批复。

七、企业团组织正式成立

收到上级团委的正式批复后，企业团组织正式成立。企业团组织应将上级批复及各类资料存档，并及时举行团组织成立大会。

企业建立团组织的目的是为了更好地组织和管理团员活动，加强团员之间的联系和交流，同时也为了更好地发挥团组织的积极作用，引导团员听党话、跟党走，为企业的发展和社会的进步贡献力量。

第五章　国有企业共青团组织品牌活动

共青团品牌活动是中国共产主义青年团为响应时代要求，推动年轻人成长、传承发展中国特色社会主义而举办的重要活动。这一活动始于20世纪90年代，如今已成为中国青年人参与的重要品牌活动之一。随着时代的变迁，新能源、智能制造、绿色环保等主题内容在共青团品牌活动中得到了广泛应用，旨在引导年轻人关注科技创新、环境保护、社会发展等重要议题，促进年轻人充满创造力和革新精神。

第一节　“我与祖国共奋进”主题教育实践活动

“我与祖国共奋进”主题教育实践活动是青年思想政治教育的系统工程，旨在通过树立社会主义核心价值观和理想信念教育，引导广大青年将个人成长进步与祖国的发展紧密联系起来。这项活动强调勤于学习、善于创造、甘于奉献的精神，鼓励青年在全面建设社会主义现代化国家进程中建功立业、奋发成才。通过开展各种形式的教育实践活动，如劳动竞赛、学习竞赛、创新竞赛等，激励青年在本职岗位上奋发有为，积极促进经济社会又好又快发展。同时，通过树立和宣传勤于学习、善于创造、甘于奉献的青年榜样，引导广大青年自觉践行社会主义核心价值观，为实现中华民族伟大复兴贡献力量。

2006 年 6 月，团中央下发《关于开展“我与祖国共奋进——唱响新时代青春之歌”系列活动的通知》，要求在广大青年中开展“我与祖国共奋进”主题歌征集、“生活中的荣与耻”征文、“新时代的年轻人”群英榜推选、征集“青春档案”、“青春中国”寻访实践和建设“我与祖国共奋进”网络展览馆等活动。通过发动广大青年和艺术工作者、音乐院校师生，征集创作一组激励青年与祖国共奋进、在青年中和社会上广为传唱的主题歌曲，使之成为青年学习、创造、奉献的主旋律；通过“八荣八耻”的具体事例，引导青年从日常生活中的点点滴滴做起，用真情实感书写身边的真、善、美，讲述对荣与耻的感悟；通过征集新中国成立后特别是改革开放以来在党的领导下青年奋斗的火红青春记忆，深入挖掘其中的标志性青年人物、事件的史料、实物和文艺作品，以历史启迪教育青年；通过动员青年寻访新中国成立后特别是改革开放以来反映祖国进步的经济、社会、文化生活中出现的第一事件，感受国家和社会的进步以及时代变革呈现的勃勃生机，对青年进行生动的爱国主义教育；通过推出“新时代的年轻人”群英榜，以“我们村里的年轻人”“我们企业的年轻人”“我们学校的年轻人”“我们部队的年轻人”“我们机关的年轻人”“我们社区的年轻人”等为题，展现各行各业青年奋发进取的精神状态，倡树勤于学习、善于创造、甘于奉献的青年典型。

“我与祖国共奋进”主题教育实践活动包含丰富的内容，从贯彻落实党对青年的要求、形成鲜明导向出发，分为学习、创造、奉献三个方面的内容。一是引导广大青年学习，帮助青年了解祖国、增强责任。二是引导广大青年创造，激励青年创新创业、建功成才。三是引导广大青年奉献，倡导青年胸怀祖国、服务人民。

第二节　创建五四红旗团委(团支部)

全国五四红旗团委（团支部）是共青团中央设立的授予县级以下团委和基层团组织的团内最高荣誉。企业共青团作为团的基层组织，要把创建五四红旗团委（团支部）作为加强基层组织建设和基层工作的重要载体，吸引和凝聚广大团员青年。创建五四红旗团委（团支部）要做到“四个好”。

一是政治建设好。注重加强团员政治教育和青年思想政治引领，组织团员青年认真学习党的科学理论特别是习近平新时代中国特色社会主义思想，贯彻落实习近平总书记关于青年工作的重要指示精神，引导团员青年增强“四个意识”、坚定“四个自信”、做到“两个维护”。

二是组织基础好。按期换届，班子配备齐整，政治强、业务精、作风实，管理严格。组织建设规范、团情底数清晰，发展团员程序严、质量高，“三会两制一课”和主题团日等组织生活规范落实，团员教育管理经常，“青年之家”等阵地作用发挥较好。党建带团建制度落实有力，党团队衔接顺畅，推优入党效果明显。落实全团抓基层、全团抓学校工作部署，深化共青团基层改革力度大、有成效。

三是联系服务好。密切联系团员青年，积极向党组织和有关方面反映，推动解决青年利益诉求。围绕团员青年在成长发展、创新创造、志愿服务、济困助学、就业创业、岗位建功、实践教育等方面的现实需求，提供有效服务，形成社会功能，团员青年参与度高、获得感强。

四是作用发挥好。组织团员青年围绕国家重大战略、本地区本单位党的中心任务和突发自然灾害、公共卫生事件等“急难险重”工作创先争优、积极奉献，充分发挥生力军和突击队作用，团员模范带头作用突出，服务大局成效好，党组织、社会对共青团工作评价颇高。

第三节　青工技能振兴计划

青工技能振兴计划于 2004 年启动，由团中央联合原劳动和社会保障部（现人力资源和社会保障部，下同）、国务院国资委、国家知识产权局、中国科协共同主办，列入国家技能人才培养工作规划。实施青工技能振兴计划，是以培养一批技术技能型、知识技能型、复合技能型青年人才为目标，以提高青年技术工人的技术能力、创新能力和知识产权意识为重点，以组织技能培训、开展技能竞赛、加强面向青年的职业技能鉴定工作为途径，以机制建设为保障，造就一支规模宏大、结构合理的青年技能人才队伍，为企业保持持续成长奠定基础。

青工技能振兴计划主要内容包括技能培训、技能竞赛、技能鉴定等。具体包括以下几个方面。

一、青工技能培训学分制

青工技能培训学分制，是指企业团组织和人力资源部门以学分的形式，反映青工参加在职培训、立足本职创新创效和参与职业技能竞赛等情况，并与青工职业技能鉴定相衔接的学习培训制度。它的主要内容包括界定学分构成、确定培训单位、开展学习培训、组织考核鉴定、建立培训档案。技能培训学分制能够充分调动青工学习的积极性，扩大培训参与面、规范培训流程、提高培训实效。

学分制使青工参加培训、竞赛、创新、练兵、带徒等一系列活动的成果有了量化标准，成为评价其技能水平的重要依据，拓宽了青工提高技能水平的渠道，突破了原来技能晋级的年限，适应了青工的发展需求。此外，通过学分制与企业薪酬体系的衔接，能使青工的薪酬状况更好地反映出不同的技能水平，使青工得到了实实在在的好处，有利于转变择业观念，进一步强化“技术工人也是人才”的价值观，为青工发展创造良好的环境。

二、青年技能卡

青年技能卡是由企业团组织向青年技术工人发放的，印有技能提升服务措施和工作流程、统一编号和管理的服务卡片。主要包含九个方面内容：详细记录青工技能状况；扩大各类青工技能提升活动的参与面；为青工参与技能培训、竞赛提供便利；搭建青工技能学习交流平台；科学规划青工的技能提升；建立技能提升评价机制；建立积分考核机制；实行分级积分管理；为青工参加技能鉴定提供便利等。通过推行“青年技能卡”，可以促进青工和团组织的沟通交流，有助于团组织深入了解不同青工在技能提升上的个性化需求，有利于团组织对青工技能提升的跟踪指导，激发青工参加活动的热情，提高青工学技成才的积极性。

三、“振兴杯”全国青年职业技能大赛

“振兴杯”全国青年职业技能大赛是由共青团中央、人力资源和社会保障部主办的国家级一类大赛，始办于2005年，以企业青年职工、职业院校（含技工院校）学生为参赛主体。2019年开始，“振兴杯”大赛增设了学生组别竞赛。从2021年开始，职工组与学生组竞赛组别每年交替进行。2023年11月10日，第十八届“振兴杯”全国青年职业技能大赛学生组全国决赛正式开赛。

青年职业技能大赛旨在通过开展竞赛类工作和活动，为青年提升职业技能水平和创新创效能力搭建平台、提供帮助，引导青年树立技能成才、技能报国的志向，弘扬劳模精神、劳动精神、工匠精神。大赛坚持以赛培育人、以奖激励人的初衷，突出思想引领，完善培养链条，将举办竞赛与开展政策宣讲、能力培训、人才招聘、项目孵化、典型宣传等工作有机融合、相互促进。

四、青工技能月

在活动月期间通过广泛开展主题鲜明、内容丰富、形式多样的活动，切实加强青年技能人才培养工作，组织引导青年职工提升技能水平，增强创新能力，提高综合素质，推动科学发展，促进社会和谐。该活动于1994年启动，由团中央联合原劳动和社会保障部、国务院国资委主办。活动每年11月份举办，在推进青年技能人才培养、动员引导青年职工学技成才等方面取得了良好成效，得到了社会的广泛认同。

五、青工技能鉴定周

在“技能月”期间开展“全国青工技能鉴定周”活动，是在加强青

工技能培训的基础上，组织更多的青年技术工人参加国家职业技能鉴定，提高职业技能等级。该活动2004年启动，由团中央联合原劳动保障部、国务院国资委主办。“全国青工技能鉴定周”为期7天，改变了之前职业考评时间跨度较长、审批程序复杂、层级限制严格、方式相对单一的固定模式，极大地满足了广大青工对技能提升的愿望和对技术等级资格认定的要求，是深入实施青工技能振兴计划的一项具体措施，对于调动青工学技成才的积极性，充分发挥青工在企业改革发展和构建社会主义和谐社会中的生力军作用，具有十分重要的意义。

此外，为提高青年员工素质，增强企业的核心竞争力，建立和谐的员工关系，有些企业大力实施青年职业生涯导航计划，积极开展“导师带徒”活动，取得良好的效果。

第四节　青年创新创效活动

青年创新创效活动于20世纪90年代由共青团中央提出，是以青年为主体，以学习新知识、新技能为基础，以推动企业技术创新、管理创新、营销创新、服务创新为基本内容，以开发青年人力资源、提高企业经济效益为目标的群众性实践活动。

在活动项目方面，积极推进导师带徒、揭榜攻关、岗位创效和创新论坛、沙龙等活动；在活动机制方面，根据企业中心工作的需要和工作流程，积极梳理和建立与企业的工作流程相衔接的青年创新创效的工作机制；在活动组织方面，在企业团组织指导下成立青年创新协会等创新组织，为引导青年努力进行创新攻关创造条件；在活动激励方面，积极树立、表彰、举荐、奖励创新创效先进典型，促进活动的开展，为企业发展作出贡献。

2024 年 2 月，国务院国资委党委发布《关于深化新时代新征程中央企业青年创新创效活动的意见》，要求各中央企业党委深入学习贯彻习近平总书记关于青年工作的重要思想、关于国有企业改革发展和党的建设的重要论述，聚焦新时代新征程国资央企新使命新任务新定位，以推动科技创新、实现价值创造为着力点，深入开展青年创新创效活动，充分发挥青年在创新中的独特优势，激发青年创新创造活力，为企业高质量发展贡献青春力量。

据了解，自 2000 年以来，青年创新创效活动一直是中央企业团青年工作的重要品牌，2011 年国资委专门印发《关于进一步深化中央企业青年创新创效活动的意见》（简称《意见》）。十几年来，随着党建带团建持续加强、青年创新创效实践不断深化，特别是习近平总书记重要批示赋予国资央企新使命新定位，国资委党委决定对原《意见》进行修订，制定针对性强、力度大、青年科技人员期盼的具体举措，通过青年渠道，让政策更好贯通到一线、惠及到青年，为青年干事创业搭建广阔舞台。

例如，中国电信广西公司印发了《关于深化新时代新征程青年创新创效活动实施方案》，以五大举措激发青年员工创新创造活力，鼓励青年员工争当深入实施云改数转战略、全面推进高质量发展、加快建设世界一流企业的先锋队、突击队，谱写新时代的青春赞歌。其主要做法如下。

一是抓青年创新创效素养提升。利用“青年大学习”“青马工程”等多种形式，培育青年创新思维，激发青年锐意创新、敢为人先的勇气。

二是抓青年创新创效平台载体建设。打造一批青年创新创效平台，加快打造多元化生态创新平台，鼓励支持青年参与国家级/集团级的重点实验室、研发中心/分中心、研发链创新项目等创新平台项目建设，积极投身产业焕新行动和未来产业启航行动。

三是抓青年创新创效人才培养。将青年科技人才优先纳入“青马工程”培养对象，树立向科技创新等战略性新型产业领域倾斜的鲜明导向。

四是抓青年创新创效成果落地。以赛事活动推动创新创效成果转化，组织青年科技人才参加中央企业“熠星”大赛青年专场、青年创新创意大赛等国家、省部级、集团级、区公司级比赛，以赛代训、以赛促学；为青年员工创造“揭榜挂帅”的舞台和机会，为青年搭建科技创新实践锻炼、经验交流和项目孵化等平台。

五是抓青年创新创效生态构建。打造青年创新文化，通过线上线下并行的方式，组织青年运用鲜活生动的语言开展“有翼思·青年讲堂”宣讲活动，对科创新星进行全方位宣传。

第五节　青年岗位能手

青年岗位能手是指年龄在35岁以下，有优良的思想品德和职业道德，敬业爱岗，熟练掌握本岗位各项业务技能和理论知识，能够优质并超额完成本岗位各项年度考核指标，创造了较好经济效益的企业青年职工。

青年岗位能手评选活动以企业青年职工为主体，以岗位为基本单位，以提高岗位文明、岗位技能、岗位效益为基本内容，以培养为中心环节，以规范、考核、评定、奖励为主要手段的活动，是跨世纪青年人才工程的重要组成部分。

“青年岗位能手”活动自1994年开始启动实施，是共青团、人力资源和社会保障部门共同组织开展的为党育人、为国育才、服务大局的重要品牌工作。数十年来，活动坚持以从事基础和一线工作的青年职工为主体，以岗位练兵、导师带徒、技能比武、创新创效等为载体，选树了一大批“政治坚定、品行过硬、能力突出、实绩优异”的青年典型，在青年中和社会上大力倡导了热爱本职岗位、矢志成长建功的风尚，为国家经济社会发展进步提供了人才支撑、作出了积极贡献。

青年岗位能手活动正在日益成为共青团为党培养和输送优秀青年人才的渠道和桥梁。青年岗位能手是职业青年的先锋力量，他们始终活跃在各行各业主战场、技术攻关最前沿、“急难险重”第一线。一届届青年岗位能手，沐浴着党的阳光雨露，肩负起时代的使命责任，以自强不息的品质和永久奋斗的精神，在祖国的大地上镌刻着前行的印记、续写着青春的荣光。

第六节　青年安全生产示范岗

青年安全生产示范岗，是以青年职工为主体，以安全生产示范为导向，以安全思想教育、安全技能培训为管理内容，旨在确保企业安全生产为目的的群众性安全实践活动。

青年安全生产示范岗活动主要在企业一线生产车间、班组等基层安全生产单位开展。活动的主要内容包括：加强安全生产宣传教育，组织开展各级各类安全生产知识竞赛和安全生产座谈会；提高安全生产操作技能，组织安全生产技能培训和安全生产操作法推广活动；加强企业安全生产监管，设立“安全生产监督员”，防范企业安全生产事故发生。

该活动2001年4月启动，由团中央、国家安全生产监督管理总局主办。国务院安委会已把这项活动列为全国“安全生产月”活动的重要内容之一。全国各地、各部门、各行业以及企业单位积极开展了不同层级的创建活动。20多年来，全国青年安全生产示范岗创建活动不断完善工作机制，创新内容载体，激发基层活力，已成为共青团组织引领广大青年参与安全生产工作的长效载体和响亮品牌，在青年中叫响了“安全生产，青年当先”的青春担当，充分激发了广大青年在安全生产工作中的生力军和突击队作用。

2023年度全国青年安全生产示范岗创建活动启动以来，各地、各系统行业团组织联合应急管理部门广泛组织动员基层青年集体，深入学习贯彻习近平总书记关于安全生产的重要论述，聚焦安全意识教育、安全技能提升、安全班组建设和安全管理监督等创建内容，结合“安全生产月”“消防宣传月”等活动，积极开展宣传教育、主题团日、知识培训、岗位练兵、隐患排查、应急演练、创新攻关等一系列针对性强、体现青年特点的安全生产主题活动，有效地引领了广大青年职工强化安全意识、苦练安全技能、规范生产作业、参与管理监督，为以高水平安全保障高质量发展贡献出青春力量。

第七节　青年安全监督岗

青年安全生产监督岗是国有企业青年职工参与企业安全生产管理的一种组织形式，是团组织关心青年切身利益、组织青年进行安全生产自我教育的一种有效的活动载体，也是共青团组织围绕经济建设开展工作的具体措施。通过开展青年安全文明生产监督岗活动，对进一步加强青年员工的安全意识、安全知识、安全法规的教育，提高他们遵纪守法的自觉性和安全专业技术知识水平，减少青年员工的伤亡率，促进安全文明生产等，都起到积极的作用。

一、青年安全监督岗的设置原则

青年安全监督岗的设置原则通常有以下几项。

一是在企业团组织的领导下认真贯彻执行党和国家的安全生产方针、政策、法律法规，积极开展安全活动，发挥青年的模范带头作用。

二是坚持协同工作的原则。青年安全监督岗应按党政统一的工作部署，在本项目部安全管理部门的领导下，配合安全质量部门开展青年安全监督工作，自觉接受同级安全管理部门和专职安质、工程技术人员的业务指导。

三是坚持突出重点全面覆盖的原则。青年安全监督岗设在生产一线，突出重点岗位、重要设备、关键工序，特别是要把青年安全监督延伸覆盖到每个岗位、每道工序，不留死角。

二、青年安全监督员的任职条件

青年安全监督员的任职条件主要有以下几条。

一是遵纪守法，遵守职业道德，有强烈的事业心和责任感，热爱安全生产监督工作。

二是坚持原则，有较强的安全生产意识，敢于抵制违反安全生产及劳动保护有关规定的行为。

三是身体健康，眼光敏锐，反应迅速，勤于动脑，能胜任青年安全生产监督员的工作。

四是熟知规章制度、操作规程、施工流程，具有一定的事故隐患识别能力和处置经验。

五是有较强的工作协调能力，能有效表达职工合法诉求，在职工中具有影响力、凝合力。

三、青年安全监督员的职权

青年安全监督员的职权包括以下几项。

一是认真贯彻落实“安全第一、预防为主、综合治理”的安全生产方针。认真执行上级有关安全生产的规定，对班组(工点)的安全生产负监督检查责任。

二是针对生产任务的特点，检查班组执行安全技术措施及安全操作规程的落实情况，及时发现并协调有关部门、管理人员纠正违章作业。

三是监督检查施工现场安全生产健康设施投入是否到位，监督检查重点、特殊部位作业人员及各种设备、设施技术状况、作业环境是否符合安全要求，发现问题及时纠正解决。如工作受阻，可向专职安全监督人员、主管部门、项目经理等上级报告，请求高度重视并有效解决。

四是参与项目部并监督班组安全隐患排查和治理。

五是如发现重大安全隐患或危及职工生命安全的紧急情况，应立即报告项目经理并组织职工采取必要的避险措施，且有权制止违章指挥。

六是发生安全生产事故时立即上报，并迅速参加抢险、救援工作，协助保护事故现场。

第八节　青年文明号

“青年文明号”是以青年为主体，在生产、经营、管理和服务中创建的体现高度职业文明、创造一流工作成绩的青年集体、青年岗位和青年工程。创建“青年文明号”活动是跨世纪青年文明工程的重要组成部分，是凝聚青年、团结青年、带领青年建功立业的有效形式，是以倡导职业文明为核心，以行业管理规范为标准，以科学管理为手段，以岗位建设、岗位创优为重点，以先进典型为导向的群众性劳动竞赛。

“青年文明号”活动从 1994 年 4 月 1 日江泽民同志为“青年文明号”题词后全面铺开。创建“青年文明号”活动旨在组织和引导青年立足本职岗位诚实劳动、文明从业，培养适应社会主义市场经济要求的敬业意识、创业精神和质量、安全、效益、竞争、服务等观念，在全社会展示当代青年的精神风貌，塑造行业和所在单位的良好形象，倡导职业道德和职业文明，为建立社会主义市场经济体制，推进社会主义物质文明和精神文明建设作贡献。

一、“青年文明号”的基本条件

一是创建集体人数一般在 6 人以上、200 人以下，其中 35 周岁以下青年占 50%以上，有一名不超过 40 周岁的集体负责人担任号长。

二是该集体、岗位和承建工程的青年热爱本职工作，敬业意识强，职业道德良好，认真执行党和国家的政策，自觉遵守有关法规以及本单位的各项规章制度、操作规程和服务规范。

三是在生产、经营、管理、服务中讲文明、讲质量、讲效益、取得突出成绩。

四是努力学习业务，钻研技术，掌握本职工作必需的知识和技能，有相当数量的青年成为本工作岗位能手。

五是青年集体、岗位和承建工程的团组织健全，活动正常，能紧密围绕本单位的中心任务开展工作，发挥团员的模范带头作用，根据青年特点开展生动活泼、扎实有效的创建活动。

六是工作及成效得到本单位党政领导的肯定，受到周围群众或服务对象的赞誉，社会评价良好。

二、“青年文明号”所倡导的“五个一流”

“青年文明号”所倡导的“五个一流”主要分为以下几个方面。

（一）服务一流

履行全心全意为人民服务宗旨，积极开展“青年文明号服务卡进万家”“青年文明号优质服务示范月”“三服务一先锋”行动等，群众满意率高，在解决本地区、本行业服务热点、难点问题上取得突出成绩，成效明显。

（二）管理一流

党、团组织健全，有一套适应本单位实际的创建计划、方案和健全的管理制度，创建原始资料齐全，有良好的工作环境和卫生环境，能较好体现青年文明号管理特点。在醒目地方公布行业监督电话和服务承诺。

（三）人才一流

集体中的成员模范执行党和国家政策，自觉遵守有关法规及各项规章制度，领导成员具有较强的组织管理能力和专业知识；单位能积极开展青年岗位能手赛等活动，所有青工都能熟练掌握岗位技能。集体中具有一定数量的各类青年先进人物。

（四）文化一流

鼓励青年参加文化、业务继续教育。坚持文明用语，讲普通话，举止端庄，工作人员持证上岗，按规定着装，仪表整洁。有文体活动、志愿者活动、青年活动，活动有影响、有特色、受好评。积极在行业系统或相关媒体上发布单位工作信息，宣传先进事迹，传递正能量。

（五）效益一流

单位工作成绩得到群众、服务对象的赞扬，业绩名列本行业系统前茅；立足岗位，奉献社会，主动为社会献爱心，与农村、社区、学校和社会弱势群体、下岗青工结对互动，尝试建立青年文明号帮扶弱势群体的体系，成效明显。通过创建活动，取得了较为明显的经济效益和社会效益。

开展创建“青年文明号”活动，可有效引导广大青年在本职岗位上恪尽职守、文明从业、开拓进取、无私奉献，树立适应社会主义市场经济要求的敬业意识、法纪观念、创业精神，展示当代青年的精神风貌和良好形象。

第九节　青年志愿者

志愿者是指不以物质报酬为目的，利用自己的时间、技能等资源，自愿为社会和他人提供服务和帮助的人。志愿精神是志愿者、志愿服务的内在精神特质，团中央将其概括为“奉献、友爱、互助、进步”。“奉献”是志愿服务的基础，“友爱”是志愿服务的内因，“互助”反映了志愿服务的实质，“进步”是志愿服务的目的。志愿服务是指志愿者、志愿者组织服务社会公众生产生活和促进社会发展进步的行为。志愿者组织是指由志愿者、关心和支持志愿服务的个人和单位自愿组成的，依照章程开展志愿服务的非营利性、公益性的社会团体。

青年志愿者行动是志愿服务事业的重要组成部分，是共青团工作的重要品牌，是我们党领导的共青团在新的历史条件下创新工作领域、服务社会需求的一大创举。

1993 年，共青团在党的领导下，回应改革开放的时代呼唤，发扬“开风气之先”的光荣传统，发起实施了中国青年志愿者行动。几十年来，千千万万的青年志愿者在党的指引下，在团的组织下，走进社区、走进乡村、走进基层，在服务人民的过程中经受磨砺、成长成才，绘就了青春志愿行、永远跟党走的壮丽画卷。

习近平总书记强调，“共青团要把加强对广大团员和青年的政治引领摆在首位”[①]。为党育人始终是共青团的根本任务。青年志愿者行动要从为党育人的高度，通过有目标、有组织的全链条项目设计，引领青年参加不同内容、类型和领域的志愿服务，感悟“国之大者”。要推动青年在沉浸式、体验式学习中增进世情国情认知，增强责任意识和家国情怀，深刻领悟习近平新时代中国特色社会主义思想，在志愿实践中学习成长。要用好用活用足大型赛会等大思政平台，系统梳理总结志愿者行动引领青年思想进步、帮助青年成长成才的实现路径，例如在志愿者培训中嵌入时政思政内容，通过临时党团组织建设结合服务场景思想育人、融入情感温度服务育人，在志愿服务一线培养、考察、吸纳优秀青年人才等。

党的二十大提出要完善志愿服务制度和工作体系。打造现代化的青年志愿服务体系是促进青年志愿行动永葆活力、可持续发展的保证。进行体系建设，首先要坚持党建引领。习近平总书记指出，“各级党委和政府要为志愿服务搭建更多平台，给予更多支持，推进志愿服务制度化常态化”[②]。其次要注重顶层设计，推进青年志愿服务法制化建设，优化志愿服务法律法规，更好地发挥《志愿服务条例》作用，完善青年志愿服务规章规范，确保青年志愿行动有章可循。

新时代新征程，我们要更加紧密地团结在以习近平同志为核心的党中央周围，以习近平新时代中国特色社会主义思想为指导，进一步增强

① 《习近平在同团中央新一届领导班子成员集体谈话时强调 切实肩负起新时代新征程党赋予的使命任务 充分激发广大青年在中国式现代化建设中挺膺担当》，《人民日报》2023 年 6 月 27 日。

② 习近平：《弘扬奉献友爱互助进步的志愿精神 以实际行动书写新时代的雷锋故事》，《人民日报》2019 年 7 月 25 日。

做共青团青年志愿者工作的历史感、光荣感、责任感，怀抱梦想、脚踏实地，敢想敢干、善作善成，弘扬奉献、友爱、互助、进步的志愿精神，奋力续写青年志愿者事业的精彩华章。

第十节　青年突击队

青年突击队由共青团组织在党的领导下倡导成立和组织，旨在“急、难、险、重”等任务面前更好地彰显共青团员的模范带头作用，在经济社会发展中更好地发挥引领凝聚团员青年跟党奋斗、组织动员团员青年岗位建功、联系服务团员青年成才发展的重要功能。

1954 年，中国第一支青年突击队由 18 名团员青年在北京发起成立。在党的领导下，共青团组织通过倡导成立和广泛组织一大批青年突击队，引导和动员广大团员青年在日常生产建设、创新攻关前沿、抢险救灾一线等经济社会改革发展稳定中发挥了积极作用。青年突击队成为我国社会主义建设中的一项创举，是共青团围绕中心、服务大局的重要体现。

2023 年 5 月，共青团中央印发《关于加强新时代青年突击队工作的意见》，全面加强青年突击队建设，组织动员广大团员青年担当作为、团结奋斗。

青年突击队重点在于青年这个群体。习近平总书记在给中国航空工业集团沈飞“罗阳青年突击队”队员们的回信中指出，要“争做有理想、敢担当、能吃苦、肯奋斗的新时代好青年，为全面建设社会主义现代化国家、全面推进中华民族伟大复兴作出新贡献”①。在创建世界一流企业的漫漫征途上，在科技创新、生产经营、工程建设、安全生产等各领域，都需要有想法、有闯劲、有能力的青年站出来、顶上去。

青年突击队要落脚在突击这一使命上。在重大项目最前沿、自主创新第一线、乡村振兴主战场、“一带一路”大舞台、应急救援关键时，所有艰苦努力、所有顽强拼搏、所有不懈奋斗，都是青年突击队书写的笔迹；一切为国家、为民族、为人民创造的实绩，都是青年突击队志在交出的答卷。

青年突击队要聚焦“队”这个集体作用，注重组织化团结奋斗。须知每一个项目的背后都需要整个团队的付出，万亿企业从来不是靠某个人单打独斗所能完成的。只要每个青年突击队员心往一处想、劲往一处使，共同拼搏、团结奋斗，将个人理想熔铸到集体使命之中，就没有攻不下的“娄山关”、过不去的“腊子口”。

第十一节　推优入党

推荐优秀团员做党的发展对象（简称“推优”），是党赋予共青团组织的一项光荣任务。做好这项工作，要注意把握以下几点：一是要把“推优”工作的立足点放在对团员的培养教育上，提高团员的思想政治素质。这是“推优”工作的前提和基础，也是“推优”工作的主要目的。二是要对团员进行爱国主义、集体主义、社会主义教育，学习党的

① 《习近平回信勉励中国航空工业集团沈飞“罗阳青年突击队”队员 在推动航空科技自立自强上奋勇攀登 在促进航空工业高质量发展上积极作为》，《人民日报》2022 年 11 月 14 日。

基本路线和各项方针政策，教育和引导广大团员积极投身到改革开放和社会主义现代化建设中去。三是要通过思想教育和社会实践的锻炼，使他们坚定正确的政治方向，树立科学的世界观和人生观。对于要求入党的团员，应按照党员标准培养、教育他们，组织他们认真学习马克思主义基本理论和党的基本知识，对他们进行党的历史和光荣传统教育，帮助他们增强党性观念，端正入党动机。

“推优”工作要坚持标准、确保质量。团组织向党组织推荐发展对象，要坚持党章规定的党员基本条件，对申请入党的团员进行考察。对那些拥护党的纲领、积极贯彻党的路线方针政策、在改革开放和社会主义现代化建设中做出成绩、基本具备党员条件的优秀团员，团组织应及时向党组织推荐。对于条件尚不成熟的应继续培养，防止片面追求推荐数量、降格以求。

“推优”工作的具体步骤是：召开团员大会，由团支部委员会介绍申请入党的团员情况；团员进行民主评议，提出推荐对象；团支部委员会在对推荐对象进行认真考察的基础上，讨论确定推荐名单，填写推荐对象审核表，报上一级团组织审定；上级团组织进一步考察审核后，签署意见向党支部推荐。被推荐对象是团支部（总支）书记和基层团委书记的，由上一级团组织在认真听取团员青年意见的基础上，直接向其所在单位党组织推荐。

第十二节　青马工程

“青马工程”是青年马克思主义者培养工程的简称。2007 年，团中央在相关部委的支持下，启动实施了“青马工程”，旨在为党培养信仰坚定、能力突出、素质优良、作风过硬的青年政治骨干。2013 年，“青马工程”被纳入中央马克思主义理论研究和建设工程。在 2017 年发布的《中长期青年发展规划（2016—2025）》中，“青马工程”被列为重点项目的第一项。2020 年 6 月，共青团中央、教育部、民政部、农业农村部、国务院国资委联合印发了《关于深入实施青年马克思主义者培养工程的意见》，对新时代深入实施“青马工程”作出部署安排。

共青团十八大以来，团中央将“青马工程”作为履行根本任务和政治责任的重要载体，明确以科学化培养“忠诚的政治品格、浓厚的家国情怀、扎实的理论功底、突出的能力素质，忠恕任事、人品服众”青年政治骨干的培养目标，以及“控数量、重实践、调结构”的工作方向，突出培训培养并重，着力提质扩面，改革创新工作机制，以更好发挥为党育人政治功能。“青马工程”每一期集中培养周期原则上为 1 年。全国班每期规模约 200 人，其他层级班遵循“少而精”的原则合理安排规模。自 2007 年启动实施“青马工程”以来，已累计培养学员超过 450 万人。目前已覆盖 31 个省（区、市）和新疆生产建设兵团、333 个地市级行政区、2700 个县级行政区、2679 所高校、102 家中央企业及其二级单位[①]。

2023 年，开展“青马读书会”等学习活动超过 10 万场次，带动超过 500 万人次青年参与理论学习，依托“青马学员说”等多种形式举办宣讲超过 10 万场次。同时，超 20 万名“青马工程”高校学员参与实践锻炼，超过 10 万人次的学员投身志愿服务[②]。

---

① 《“青马工程”培养学员超 450 万人》，《人民日报》2024 年 4 月 20 日。

② 《“青马工程”培养学员超 450 万人》，《人民日报》2024 年 4 月 20 日。

第六章　国有企业共青团特色活动

近年来，国企共青团组织紧紧围绕本单位重点中心工作，结合团组织实际情况，在总结历年团员青年工作的基础上，积极组织特色鲜明、参与率高的特色活动。

第一节　共青团活动的创意和策划

现代社会中，创意是稀缺资源，它既可以应用在广告中，成为广告的灵魂与生命；也可以在各种工作以及活动中发挥作用，保证工作和活动取得预期的效果。有一个好的创意，事情就成功了一半。受到广大团员青年欢迎的富有特色的共青团活动，同样离不开合理的安排、精心的设计和巧妙的构想。因此，建立一种清晰合理、开拓创新的思维轨迹，是共青团活动设计的重要基础。

一、活动创意的思路及形成过程

活动创意的思路及形成过程主要包括以下方面。

（一）创意构思的基础——定位

具有灵感的创意常常体现着时代的特征与强大的生命力，能够使团的活动时刻充满新鲜感和感召力。

1.站准立场是创意构思的重要启迪

团干部首先得来自青年，懂得青年，拥有青年心态和活力。活动设计必须从体现青年特点的角度出发，站在青年人的立场，进行思考、研究、设计和论证，只有这样，团干部才能获得开展团的活动所必需的宝贵灵感。

2.文化热点是创意构思的出发视角

开展团的活动，应该有针对性地结合某一特定时期的热点问题，在纷纭变幻的流行与热点中不断追寻着团的工作与活动的课题，只有这样才能让创意顺势而生，顺理而出。

3. 自身需求是创意构思的基础定位

团组织要充分利用共青团的活动和资源来帮助解决青年自身关心的诸多问题，如成才与进步、思想与生活、职业与婚恋等，这样可以使广大团员青年对团组织产生信任感与依靠感。团干部要在活动设计中敏锐地意识到这一点，并尽力将其转化为团组织活动的巨大动力。

（二）创意思路的驿站——转化

设计和策划共青团的活动，首先要从整体上把握和感知青年与青年群体丰富的内涵，从中获得难能可贵的灵感。获得灵感之后，团干部还需要借助多视角、多侧面的思维方法，将灵感转化为具体的活动思路。

1. 过去与现在。在团的活动创造思维过程中，可以借鉴前人的经验和现有的研究成果，从中获得创造的思路。

2. 模仿与创造。团干部可以从自身所在的区域中“跳出来”，向同行业、相近行业和其他不同行业横向“拜师”，将他们曾经组织过的一些有效可行的活动拿过来进行模仿，再根据自身实际状况进行一些修改，或是增添一些内容，或是变换某些形式，这都可以看作是一次创造的活动设计。

3. 从生活到活动。团干部可以从固有的生活经验和其他知识中获得一些有益的启示，并将这些启示转移到团的活动开展方面来，寻找出团的活动开展的新方式。

4. 要素重置。就是要求团干部把现有活动的内容、形式等诸要素，以一定的原则进行重新的优化组合，从中找出创造性和可行性俱佳的活动设计方案，以获得新的活动的表现形式。

5. 强化逻辑性。逻辑性的思维能够使人不断认识事物的本质和规律，使团的活动能够形成系统工程，由浅入深地认识规律，从而不断深化活动的主题。

6. 保持灵活和开放的思路。团干部在活动开展方面不能思想僵化，要顺应时代潮流而动，要与我国的经济社会发展阶段紧密结合，并保持自己博采众家之长的优点。

二、活动创意的思维方式

活动创意的思维方式比较丰富，主要包括以下几方面内容。

(一)思维方式的含义

思维方式是人们依据社会历史发展要求，对客观现实进行思考、分析、判断，从而作出决策，指明实现目标的路径，以求达到既定目的的精神活动。活动设计就是团干部关于活动的思维方式的具体构思。

(二)活动创意常用的思维方式

活动创意常用的思维方式主要包括以下几种。

1. 聚散型思维方式。聚散型思维是聚集型思维和发散性思维的合称。聚集型思维就是围绕特定目标，集中对某一问题进行思维活动。发散性思维，又称扩散性思维、辐射性思维、求异思维，它是一种从不同的方向、途径和角度去设想，探求多种答案，最终使问题获得圆满解决的思维方法。

2. 网络型思维方式。网络型思维是指由众多点相互连接起来的，非平面、立体化的，无中心、无边缘的网状结构。它是类似于人的大脑神经和血管组织的一种思维结构。比如传统的写作和解读，常采用线性顺序。由于受稿纸和书本有限空间的影响，人们必须按一定的时空和逻辑顺序书写或解读某种信息。而电脑写作和解读，信息载体几乎没有空间限制，完全可以突破时间和逻辑的线性轨道，自由翱翔于思维的广阔天地。

3. 动态思维方式。动态思维是指一种运动的、调整性的、不断择优化的思维活动。具体地讲，它是根据不断变化的环境、条件来改变自己的思维程序、思维方向，对事物进行调整、控制，从而达到优化的思维目标。动态思维的逻辑表现是辩证逻辑并以变动性、协调性为自己的思维特色。

4. 超前思维方式。超前思维是指人类思维活动中面向未来所进行的思维活动。它是人们根据客观事物的发展规律，在综合现实世界提供的多方面信息的基础上，对于客观事物和人们的实践活动的发展趋势、未来图景及其实现的基本过程的预测、推断和构想的一种思维过程和思维形式。超前思维可以指导人们适当调整当前的认知和行为，并积极地开拓未来。

三、活动的策划

团的活动方案的设计与策划，通常要考虑三大要素，即活动的主题要素、内容要素和形式要素。三大要素的统筹策划体现出设计者对活动的总体规划能力。一般情况下，活动的主题要素设计要放在首位，其次为活动的内容要素。当主题要素与内容要素确立后，要在遵守主题与内容要素的基础上，适当安排形式要素。

（一）活动主题的策划

活动主题的策划在活动中起着至关重要的作用，它不仅关系到活动的成功与否，还直接影响到活动的目标和效果。

1. 主题是活动的灵魂

活动主题是活动的灵魂，是各类团组织活动中不可或缺的因素。

（1）主题在活动中的重要意义。活动的主题是活动的指导思想、宗旨、目的要求等最凝练的概括与表述，是统领活动各个环节的纲领，贯穿于活动的始终。它是活动中最为精髓的部分，在很大程度上影响活动内容的安排、活动形式的选择和其他要素的设计。对于一个活动参加者来说，一个富有人生哲理、具有青春气息、能激发他们奋进的主题，可以激发他们的兴趣，吸引他们来参加活动。对于团的干部而言，一个好的活动主题同样可以激发活动进一步开展的积极性。

（2）主题活动与非主题活动。按照主题，对团组织的活动可以划分为主题团的活动和非主题团的活动。主题团的活动，一般都有鲜明、具体、形象的特点。主题活动从时间的长短上区分，又可以归纳为主题团日活动和主题系列活动两种。非主题活动并不是活动无主题，它是为了区别于主题活动而被称之为非主题活动。非主题活动的特点是主题并不凸显，也无须表达出来，而是隐含在活动当中。

2.提炼主题

要想提炼出活动主题，团干部首先要针对活动的指导思想、目的要求和宗旨进行反复分析研究，从中概括和提炼出符合活动要求、恰如其分的活动主题。团干部研究得越充分、越明晰，就越能提炼出好的活动主题来。

在提炼主题时应注意以下问题：（1）主题提炼要符合时代旋律。主题应具有鲜明的思想性，与时代合拍。（2）主题提炼应蕴含人生哲理。新时代青年很突出的特点就是善于思考，尤其是对人生的思考最多，而且关于人生的话题又是十分广泛而具体的。在团员青年当中开展这类活动会对青年人生观、价值观的建立产生积极影响。（3）主题提炼要与实际工作相联系。主题应该反映团员青年工作、学习和生活的实际，同时，主题还要体现青年的奋斗目标，能表达青年的热情与干劲。（4）主题应具有科学性和可行性。团干部在提炼主题时，要切忌不切合实际的提法和空洞的豪言壮语，提出的口号和目标应有可行性。

3.优化主题，实现主题的艺术化表达

不管是主题的内容，还是主题的形式，都要经过一定的艺术加工和锤炼。经过提炼后的主题，应是简练、新颖、流畅、易记和上口，并能很好地表达出活动的意图。优化主题，实现主题艺术化表达的方法主要有以下三种。

（1）借用法。借用熟知的名言警句和现实生活中一些闪光语言作为活动的主题。这些语言的借用会使活动主题更加深刻、更加美好、更加感人，也更能说明问题。借用出色的词句作为主题在一定程度上会大大提高活动本身的质量。

（2）归纳提炼法。归纳提炼法就是团干部通过对活动的指导思想、目的要求进行归纳、总结、提炼出主题的方法。

（3）加工锤炼法。加工锤炼法就是利用一些修辞知识优化主题的方法。这种方法可以使活动主题朗朗上口，而且具有一定的内涵，不流于形式，不浮于表面。

（二）活动内容的策划

活动的内容，是活动的主体部分。在主题确立之后，内容的安排就显得十分重要。有了鲜明的活动主题，还必须有与主题相匹配的内容，通过内容去体现主题，使活动达到预期的效果。

1.活动内容选定的影响因素

活动内容的选定受以下三个方面的影响。

（1）党在现阶段的中心工作。共青团作为党的助手和后备军，决定了共青团的工作要服务于党在一定历史时期的中心工作。因此我们在选定活动内容时要深入研究党在现阶段的路线、方针、政策，充分注意形势发展的要求，充分考虑国情、党情、民情。现阶段我们党确立了以进一步全面深化改革推进中国式现代化的基本国策，共青团的活动必须围绕这个中心选定内容。

（2）单位和部门的近远期工作目标。共青团开展活动要服务于所在地区或单位的发展需要，积极配合所在地区和单位的近期工作任务。

（3）满足青年需求，寻找青年兴趣点。满足青年需求，要求团组织开展的活动必须让团员青年满意，使之成为团结、教育青年的基本途径。此外，我们还应该注意到青年在一定时期的兴趣点，这是选定活动内容的重要参考要素。只有针对青年的热点问题来选定活动内容，才能使我们的活动更有针对性和现实意义。

2.活动内容的设计要求

活动的内容设计有三大要求：服务于主题、具有可行性、具有系统性。

（1）内容设计要服务于主题。内容的设计和策划要紧紧围绕主题这个中心，为主题服务，不能游离于主题之外或使活动内容与主题脱节。内容必须说明主题，服务于主题，受到主题的制约。一个成功的活动，是主题、内容乃至形式的统一。如果内容不能充分反映主题的要求，那么在活动的进行过程中最初制定的活动宗旨和目的要求就会发生改变，甚至会使活动的性质发生改变。

（2）内容设计要有可行性。策划团组织的活动内容时一定要从实际出发，充分考虑到团员青年的思想基础、活动能力、文化素质和兴趣、体力等方面。一方面要敢于摒弃活动内容策划中的空想成分；另一方面又不能过于迁就，必须保证活动内容有一定的深度和超前性，并达到一定的水平。

（3）内容设计要有系统性。活动内容设计的系统性，是指活动内容本身的有序性和完整性。它要求我们在整体安排团组织的活动内容时要充分考虑到团员青年的承受力，循序渐进，内容的难易程度应由低层次向高层次逐步提高，一步一个脚印，步步扎实。此外，还应注意活动内容的完整性，内容的安排上要连贯、一致，不能支离破碎、首尾互相矛盾，要使活动形成一个统一的整体。

3.内容策划的原则

活动的内容策划有以下三大原则。

（1）增强活动的舒适性以烘托气氛。活动气氛，是由活动的参加者和组织者共同烘托起来的一种特定氛围。为了能够使活动获得一个良好的活动氛围，团干部需要提高活动舒适度，创造令人满意的活动气氛。

（2）保持活动的鲜活性以吸引团员青年积极参与。活动内容的鲜活性是吸引团员青年的关键。强化活动内容的鲜活性，就要求团干部不断变换团组织的活动内容，同时要为团的活动注入新鲜的血液，增添新内容。在活动内容的安排上，追求内容的变化与转换是鲜活性的具体表现，在变换中求鲜活。鲜活性的另一个重要表现是要把新时代出现的新事物和青年在一个时期最关心的问题作为活动内容，使活动内容时刻与时俱进、引人入胜。

（3）注重活动的审美以提高活动的档次。俗话说，距离产生美。强化活动内容的审美应产生“距离”效应，就是指要在活动内容的安排上追求一定程度的较高层次，增强活动的难度，使团员青年觉得有“距离感”。“距离”的存在，不但不会使活动的参加者减少，反而可能会使他们对活动充满向往，这样团员青年很快就会对团的活动产生浓厚兴趣，并积极踊跃地参与其中。

（三）活动形式的策划

活动形式的策划，是为活动主题和内容寻找一个完美的表达方式，使主题与内容得到充分的展现。

1. 活动形式的策划原则

活动形式的策划应遵循四个原则：一是新颖性。团的活动形式应新颖、别致，时时出新，不落俗套，讲求形式美，让广大团员青年喜闻乐见。二是变化性。变则新，不变则腐。在开展活动的各种形式要素已经确立的情况下，团干部要改变一下活动形式的结构，使之产生更好的效果。三是最优化。开展团活动时要使活动形式达到最佳程度。团干部要运用优选法，在两个或两个以上的活动形式中进行比较鉴别，选出形式最优的一种，这是促使团的活动形式尽可能最优化的重要保证。四是适当性。团组织活动应考虑到所处的环境和现有的条件，同时也要根据参加人员的文化素质、年龄特征、工作性质、学习特点采取适宜的活动形式。

2.活动形式的发展阶段

在形式上，团组织的活动运行一般有开始、发展、高潮和结尾四个阶段，这样的有序安排能够保证团的活动有张有弛、生动活泼。

（1）开始阶段应力求精彩。良好的开始是成功的一半。开始阶段是活动留给团员青年的第一印象，是活动成败的关键。在活动的开头要形成先声夺人的气势，集中力量使用一定手段烘托特定气氛，力求一个精彩的亮相。此外，开始阶段还是调动活动参加者情绪的重要阶段。如果活动开头不精彩，就不足以吸引他们，会使他们失去参加活动的兴趣，对整个活动也会产生不良影响。

（2）发展阶段要做好活动铺垫，承上启下。活动的发展阶段是在精彩的开头和即将到来的高潮之间的平稳发展阶段。开始阶段的小高潮过后，应有所缓冲，要把活动的各项内容逐步展开并为活动高潮阶段的出现做好铺垫，积蓄力量，发挥好过渡作用。

（3）高潮阶段要突出，调动起广大团员青年的激情。活动的高潮阶段是活动顺利开展之后必然要迎来的最重要阶段，是活动生命力的根本体现。没有产生高潮的活动就意味着活动的失败。高潮的出现是活动组织者使用最大力量，采取一切手段把活动推向更高、产生飞跃的必然结果，其目的是产生强烈的感染力和振奋人心的功效。因此，高潮阶段要引起强烈共鸣才能达到良好的效果。

（4）结束阶段要干脆有力，不拖泥带水。活动结束阶段也很重要，它一般发生在高潮过后的一段时间内。一定要注意，不要等活动高潮完全落幕后再结束，而是应在高潮期内让活动戛然而止，做到干脆有力。这样做的好处是让大家在余兴未消的时候有所收敛，让他们把仍存的热情和兴趣转移到下次活动中。

3. 活动形式的模式

活动形式的模式主要分为以下几种。

（1）规范性与非规范性模式。一是严肃稳定的规范性活动模式。规范性的活动是指在长期团的活动实践中内容与形式较固定、较为规范的活动。规范性的活动有一定的程序和标准，在活动中必须按照一定的要求和规范来进行。二是丰富多彩的非规范性活动模式。这类活动是除了规范性活动之外的其他团的活动的总称。此类活动没有固定的内容和形式，呈现出内容广泛、形式灵活的特点。它是团干部不断开拓思维、不断创新的结果，也是团的活动丰富多彩、灿烂纷呈的集中体现，此类活动展示了团的活动的另一个侧面。

（2）小型活动与大型系列活动的模式。一是小型个体活动。它是指时间跨度小，活动内容、形式单一的活动。它直接作用于基层团组织中的广大团员青年，虽然活动气势不大，直接影响范围较小，但效果不可低估。二是大型系列活动。它是指时间跨度较大，活动内容和形式都丰富多样的活动。这类活动一般由上级团的机关牵头组织，动员基层广大团员青年积极参与，气势宏大，影响面较宽，有时能涉及社会各界和大众媒体，且活动主题的含量较大。

大型系列活动和小型个体活动虽然功能和效果不同，但正是两种不同形式团的活动并存，互相配合，才使团的活动呈现出精彩纷呈的大好局面。

（3）内向型与外向型活动模式。内向型活动是指在本单位、本部门内部开展的团的活动。与它对应的是外向联谊活动。外向联谊活动最大的特点是自发、开放、互助。

除此之外，共青团还有其他几种稳定成型的活动模式。主要包括：①思想教育型。这类活动主要包括：团的日常学习和思想教育，学习党的路线、方针、政策，学习团的理论和时事政治，学习各种文化知识，举办文化补习班，开展业余党校、业余团校的学习等。其形式包括知识竞赛、报告会、思想交流、个别谈心、理论学习小组等。②文明公益型。这类活动有以团员青年为主体的志愿者活动，包括成立志愿服务小组，定期上街服务的展示活动和入户服务，植树造林，募捐救灾，各种咨询活动等。③日常团务型。此类活动是指团内经常开展的教育团员增强组织观念、进行团务管理方面的活动。包括组织生活、新团员纳新会、民主生活会等。④青春浪漫型。包括夏令营、冬令营、元旦之夜、生日烛光晚会、青春歌曲、拓展训练等青春气息浓重并富有浪漫色彩的活动。⑤清谈高雅型。包括由不同层次的青年文化圈举办的青年沙龙、社会技巧训练班、大学生咖啡屋、青年问题研讨会、青年成才奋斗的演讲会、诗会，还有交响乐欣赏、绘画艺术等。⑥兴趣组合型。一类是文化娱乐活动，主要包括书法、绘画、棋牌、摄影比赛等各种兴趣爱好协会。另一类是竞技远足型，主要包括团员青年的体育活动和游园、踏青、旅游等活动。此外，还有科技生产型（包括“五小”发明活动和提合理化建议）、交友联谊型（包括团员青年的交往和各团支部之间的联谊）等。

（四）活动策划应注意的问题

活动策划要注意的问题主要有以下几个方面。

1.活动参与对象

活动的参与主体——团员青年，是共青团的工作对象，在开展团的活动中，他们是活动的主要参加者和实施对象，因此对他们的认识有特别重要的意义。要在活动策划中强化活动的主体意识，注意培养和选拔活动骨干分子。

2.活动时间的安排

什么时间开展什么样的活动，不同种类的活动怎样选择活动时间等，都是团干部在活动设计时要重点考虑的问题。具体来说，可以从以下三方面着手考虑活动的时间安排。

一是按照时间的自然顺序开展活动。主要有二月送春风、三月学雷锋、四月慰英灵、五月迎青年、六月为儿童、七月继传统、八月拥军属、九月尊师教、十月庆“国庆”、元旦迎新年等活动。

二是不同种类的活动有不同的时间选择。如团的业务活动要多选择8小时以内的团的法定活动时间，团的文化娱乐活动可利用团员青年的闲暇时间。

三是团的活动安排要与本单位的总体工作部署同步。团的工作也要为总体工作服务，本单位一定时期的工作重点，应该成为那一时期团干部团的活动的重点。

除了以上三个方面，在时间的策划上还要再考虑两个问题。首先是活动全过程的时间安排。不管是大型活动还是小型活动，都要根据团员青年对活动的兴趣能保持多久来制定。其次是在一定时间内活动内容量的大小。活动内容量的安排不要过大，要允许团员有自由发挥的空间。最后还应注意在活动的具体实施和确定方案的时间上应有一定的间隔。

3.活动地点的选定

在挑选活动地点时，首先应注意人数的多少，其次应注意季节性，最后团组织的活动在地点的选择上要具有标志性和开放性。团干部要注意在活动地点的策划上符合这些要求，从而保证活动顺利开展。

第二节　国企共青团活动的组织和实施

国企共青团活动的组织和实施，常常因企业不同而存在差异。因此要重视差异，因地制宜，确保企业共青团活动的顺利实施。

一、活动方案的制定

活动方案的制定对于活动的成功实施具有重要的意义。活动方案的制定主要包括拟定活动方案提纲、制定活动方案原则、方案制定过程中应注意的问题以及活动的主持问题。

（一）拟定活动方案提纲

活动方案的提纲主要包括以下几个方面的内容。

（1）活动的主题或活动标题。

（2）活动的目的、宗旨、指导思想。

（3）活动的组织单位和协办单位。

（4）活动的经费（预算）及来源。

（5）活动拟请的专家、领导、嘉宾及有关人员。

（6）活动的内容、形式和步骤（过程及日常安排表）。

（7）活动的时间、地点、参加人（包括主持人）。

（8）活动筹备计划。

（9）活动组织设计。

（10）活动的具体要求及注意事项。

在拟出活动提纲后，团干部需要在活动提纲的基础上进一步细化有关方案事项，特别是活动的内容和项目要详细研究修订。此外，活动的具体形式、活动的具体推进方式、调动力量等，应是重点研究的问题。在细化研究之后，还要对方案进行心理试验和推演，最后形成最佳方案并形成正式的文件材料。

（二）制定活动方案原则

在制定活动方案的过程中需要遵循以下原则。

（1）统一性原则。即活动的主题、内容、形式、时间、环境等的统一。就主题、内容、形式而言，要围绕主题来确定内容和形式。

（2）细化原则。任何活动方案都不能马马虎虎，它的每一项内容都应该经过具体而详尽的安排和制定。此外，一些表格的制定及活动的串词等也需要详细制定。

（3）可行性原则。活动方案制定后，应保证方案能够顺利展开和推进，方案主题不能脱离实际，内容不能过大，形式不能过难，这样才能让方案切实可行。

（三）活动方案制定应注意的问题

团干部在制定活动方案时应注意以下几个问题。

（1）在活动方案制定时，要充分考虑到活动的参与主体，根据活动对象的特点，制定活动的主题、内容、形式等。

（2）在活动方案制定时，不能将活动战线拉得过长，否则活动容易出现虎头蛇尾的状况。

（3）活动的规模要适中。活动的规模要具体问题具体分析，视具体活动、具体情况而定。

（4）活动方案应注意体现自身特点，不能简单模仿类似活动方案或雷同于本单位其他部门的活动。

（四）活动的主持

主持共青团的活动，要按照事先确定好的活动方案，有秩序、有节奏地顺利完成。因此，选择活动的主持人，除了按其负责的本职工作不同而选择不同人来主持以外，还要根据活动性质本身的要求选择有特长的人来主持活动。因此，活动主持人需要具备以下几个方面的基本素质。

（1）活动的主持人需要有某些方面的活动能力和特长，能够以自己特有的风采和魅力，带给大家蓬勃向上的朝气和热爱生活、热爱事业的美好感受。

（2）活动的主持人应以自己敏锐的洞察力和感受力，随时注意捕捉参与者对活动的反馈，并及时对青年的情绪给予恰当的引导，使活动得以健康有序地开展。

（3）活动的主持人应有较为广博的知识，对其所主持的活动有一定的专业认知，避免在主持过程中犯科学性的错误。

（4）活动的主持人要有较好的语言表达能力，口齿伶俐，表达清楚，尤其较长篇幅的串场词更要如行云流水，一气呵成。

（5）活动的主持人要彬彬有礼、落落大方，服饰整洁、发型端庄，待人和气、面带微笑，熟悉礼节、举止得体。

二、活动的准备工作

活动的准备工作主要包括活动宣传的准备、活动物资的准备、活动环境的准备。

（一）活动宣传的准备

开展任何一种类型的活动，都需要在活动开展之前，利用各种传播方式让参加者了解活动的目的和要求、内容和形式、时间和地点等情况。宣传工作准备得充分和扎实，等于活动成功了一半。当活动开展时，活动参与人员就更容易进入自己的角色，激发参与者的热情和信心，增强活动对象的主动性和自觉性。

团组织活动常用的宣传工具有以下几种。

（1）海报。它的特点是直观、醒目，画面吸引人，文字简明扼要。

（2）黑板报。一种短小精悍、书写灵便的宣传形式。它的特点是方便、快捷、图文并茂、视觉效果好、易于普及。

（3）墙报。一种用文字、图片、剪报拼贴在一起而布置的宣传栏。

（4）有线广播。这是一种经常采用的宣传手段。它的特点是覆盖面宽广、传播信息快、省时省力。

(5)新媒体平台。它的特点是传播速度快、传播范围广、关注度高，是当前年轻人中被较多关注且易于扩散的宣传方式。

前期宣传，不仅能起到让更多人来参与的作用，还能够让组织者提前观察参与者的反馈情况，及时调整活动的内容和形式。

(二)活动物资的准备

活动物资，包括开展活动所必需的经费、工具、器材、学习资料、音响设备等。此外，针对不同类别的活动还有一些特殊的要求，具体包括：举办讲座活动要根据讲演者的需要准备黑板或者投影仪等；开讨论会要注意会场的摆放形式，一般以圆形或长方形围坐的方式较好；举办展览会应本着量力而行的原则，根据人力、财力、物力的情况决定展览的规模；开展文化娱乐活动要特别搞好环境的美化和进行必要的服饰准备。需要注意的是，开展活动时要从实际出发，勤俭节约、不讲排场、不搞形式主义。

(三)活动环境的布置

在组织团的活动时，一定要注意环境因素的作用。须知不同类别的活动应该有不同的布置。主题会议应布置严肃，悬挂徽标；娱乐性活动应选择场地较大、比较容易让人放松的地方。

三、活动的组织实施

活动的组织实施，包括在正确的工作方针指导下的恰当的工作方法和为保证计划目标落实的组织形式及人员构成等。

(一)活动组织实施的指导方针

正确的活动组织指导方针应是：目标明确、责任落实、程序合理、讲求效率。目标明确是指要严格按照活动计划来实施，已经确定下来的事情不能随意更改，否则会造成重复劳动或无效劳动；责任落实是指实施活动计划的每一步必须明确责任，落实到人；程序合理是指按照主次、轻重缓急的顺序，合理地安排活动落实的日程表，讲究科学的工作方式；讲求效率是指按时完成预定计划的要求，使活动的组织富有节奏感和实效性，用较少的活动投入获得较大的工作效益。

（二）活动的组织实施形式

不同的活动性质和内容，其组织形式和人员结构也不尽相同。学习教育性活动，可以是集中学习、报告辅导，也可以是分组讨论、分专题研讨。形式上可以办成热点问题的座谈会或者辩论会。社会公益性活动的形式较之其他活动的随意性要更强些，它可以发动团员随时随地把资源组织起来开展活动，也可以发挥集体的优势，集中力量进行一些有利集体、方便群众、造福社会的公益活动或服务活动。娱乐性活动是最能贴近青年，最能活跃青年生活和调动青年热情的活动，开展此类活动涉及面宽，内容和形式都比较丰富。

四、活动的总结

活动的总结通常也有一定的模式，主要包括以下几个方面。

一是活动总结的方式。总结的方式可以根据活动的内容与形式的特点，灵活运用。学习教育性活动，可以用上下结合（指将上级领导的指导和要求与基层的具体实践相结合）的方式进行总结；社会公益性活动，可以在活动结束时由参与者反馈参与体验，组织者再总结活动得失；大型活动结束之后通常会召开表彰大会；文化娱乐性活动，可以通过向比赛优胜者颁奖以及开展优秀节目汇报演出等形式进行总结。

二是表彰与奖励。表彰的目的在于学习先进、激励后进、传递导向。表彰的方式本身就是一种激励效应，这种效应可以表现为：情感激励、荣誉激励、物质激励、榜样激励、目标激励等物质与精神相结合的激励方式。表彰的人选，是通过认真的评比之后产生的。表彰用的奖品一般视活动的规模而定，购置奖品的一般原则是：重象征意义和激励作用，有一定的纪念性和实用性；奖品差别要适当（可视奖励经费而定）；奖品的视觉效果要好，受青年欢迎。

第三节　国企共青团活动的具体类别与组织开展

国企共青团活动，按照活动方式可以分为理论学习和实践活动两类。理论学习一般包括党史团史学习、重要指示精神学习等，实践活动一般包括实地参观学习、体育运动、志愿服务等。国企共青团活动具体又可以细分为会议类活动、评选类活动、竞技类活动、联欢类活动和户外活动等。

一、会议类活动的组织与开展

会议类活动是国有企业团组织活动中最为频繁和最为重要的一类活动，明确其类别和流程是确保其能够收到良好成效的基础。

(一)会议类活动的种类

国有企业的共青团需要组织的常见会议主要有以下几种。

1. 报告会(包括表彰大会等)

报告会是在专门场所宣讲特定主体内容的会议形式。报告会比较正式，一般多适用于工作汇报或学习交流。报告会相对程式化和规范化，与会者以听为主要活动，淡化讨论、交流等互动行为。

2. 座谈会(包括茶话会等)

座谈会是由专业的主持人以非结构化的方式对一小群对象进行的交流与访谈。座谈式的会议往往氛围比较轻松，大家会围绕一个主题在主持人的引导下进行比较自由的讨论。

3. 讲座

国有企业中的讲座一般是邀请某些专业人士就某些专业知识、技巧进行介绍或培训。

4. 培训性会议

培训性会议，顾名思义为培训技能或深化认识而进行的培训师对学员的培训会议。培训性会议分为实践性培训会议和理论性培训会议。实践性培训会的参与人数不宜过多，因为会议中会涉及实地操作和演示，人数多则无法达到效果。理论性培训对人员数目的限制不大，但需要大屏幕、音响话筒等电子设备。

5. 工作性会议

工作性会议最为正式，它具有既定的模式和框架。其在程序、内容上都有可遵循的方法，在参会人员、会议议题、会议流程和会议内容等方面均有一定的规定。包括庆祝表彰类的会议、工作布置会、动员会、总结会等。

(二)会议类活动的组织与开展

会议类活动的组织与开展主要包括以下内容。

1. 会议类活动的流程

会议类活动的一般组织流程是：(1) 确定会议主题；(2) 安排议事日程；(3) 安排会议场所；(4) 发布会议信息；(5) 确定参会人员；(6) 准备参会材料；(7) 主持会议；(8) 形成决议；(9) 整理会议记录；(10) 审批；(11) 下发会议纪要；(12) 信息存档并执行。

2. 会议类活动的阶段

会议类活动均可分为三个阶段。

(1) 准备阶段

准备阶段包括：①明确会议主题或活动宗旨；②确定会议时间、地点、参加的部门和人员；③做好会议预算工作；④准备好会议类活动需要的材料及物品，布置好会场；⑤如果是大型会议则通常需要成立临时会议机构。

常见的会议机构包括秘书组、材料组、组织组、技术组、宣传组、后勤组和保卫组等。

（2）进行阶段

进行阶段包括：①做好会议后勤服务工作。包括会议接待、会议签到、礼仪人员，话筒、音响、灯光、空调等现场调试工作，准备发放的奖品的提前摆置等。②做好会议的新闻报道工作。

（3）结束阶段

结束阶段包括：①会议结束后对一些内部文件、机密文件和重要文件进行及时的清退和回收。针对文件清退，应注意在发放文件时附上“文件清退单”或“文件清退目录”，要求与会人员在文件使用完毕后及时进行清退。②做好会议简报、会议纪要和会议记录的存档工作。③及时有效召开工作人员总结会议。对活动过程中出现的问题和意外情况进行总结归纳，同时对会议过程中出现的具有代表性的优秀工作人员和工作方法进行表扬和鼓励。

（三）活动选例（报告会）

“你我同成长·青春共奋进”

——××医院“青年文明号集体”事迹报告会

1.活动意义

为了迎接五四青年节的到来，进一步深化我院创先争优活动的开展，引导全院广大青年职工争当爱岗敬业、技能精湛、勇于创新的优秀青年，经院团委研究，拟决定在五四青年节前夕举办以“你我同成长、青春共奋进”为主题的“青年文明号集体”事迹报告会系列活动。活动旨在通过报告会的形式，为医院优秀青年集体及个人搭建互动交流的平台，促进青年群体同成长、共奋进，推进青年思想政治教育，引领广大青年凝心聚力、爱岗敬业、无私奉献。

2.活动主办者

医院团委。

3.活动时间及地点

活动时间:4月28日上午9点。

活动地点:急救中心七楼。

4.活动主题

“你我同成长、青春共奋进”。

5.参会领导及参与人员

(1)出席领导

(2)报告团成员组成

①“青年文明号集体”先进事迹报告(4人)

国家级青年文明号集体:神经内科(1人);

省级青年文明号集体:妇科(1人);

地市级青年文明号集体:呼吸内科、脊柱外科(2人)。

②青年志愿者事迹报告(1人)

市优秀青年志愿者、市青年岗位能手(急救中心护士)。

(3)听众席成员组成

①医院团委委员及团干(20人);

②优秀集体代表(5人);

③临床医疗、护理一线优秀青年代表(45名)。

6.活动内容及形式

医院部分青年文明号集体、先进个人在组织地举行先进事迹专场报告会以及新团员入团等系列活动。

(1)报告材料准备

报告材料由相应报告集体及个人撰写,内容真实,以自身成长、学习和工作经历为基础，总结经验成果，突出事迹亮点，着力加强事迹的引领示范性。

（2）报告会形式

选派的“你我同成长、青春共奋进”报告团成员，以集体、个人事迹报告的形式，述说与医院各科室青年交流自身的成长、学习和工作经历。

7.活动要求

（1）各团支部应高度重视、认真组织，保证活动落到实处。

（2）认真做好活动的宣传工作，深刻认识活动的意义，切实增强参与活动的积极性和主动性，实现活动的预期目标。

（3）坚持正确的政治导向，坚持正面引导，使报告会成为弘扬正气的重要阵地，认真审核报告人的报告内容，保证报告会正确的导向性和引领性。

（4）延伸报告会的教育作用。报告会结束后，各团支部要以组织民主生活会、网上交流等形式，深入学习报告团成员的先进事迹，掀起学习先进、赶超先进的热潮。

（5）关于宣讲的几点要求

①宣讲人员宣讲题目自拟，尽量脱稿，尽量用普通话；

②典型事迹材料要真实可靠、思想健康、主题突出；

③每位宣讲者的时间限定在十分钟以内。

二、评选类活动的组织和开展

评选类活动在国有企业团组织中被广泛运用，如“青年岗位能手”评选、“青年文明号”评选等。这一类活动重在评比和推选出具有代表性的个人或组织，用以表彰和树立模范。

（一）评选类活动的种类

国有企业共青团活动中常见的评选活动主要有以下几种。

1.优秀团组织和优秀团员、优秀团干部评选

优秀团组织和优秀团员、团干部评选是共青团组织的例行评选表彰活动，通过评选确立典型、树立榜样。活动大多由上而下进行考核和评比，针对一定时间段的工作表现进行评选。

2.杰出青年、优秀员工评选

杰出青年是指在某一领域中卓有建树、成绩显著的青年才俊。对杰出青年的评选有利于调动广大青年的积极性，表彰优秀、肯定优秀。评选优秀员工是企业管理中不可或缺的一环。这不仅是对员工一年辛勤工作的认可，更是加强员工归属感、提升团队士气的重要途径。

3.青年岗位能手评选

青年岗位能手是指在自己的工作岗位上作出杰出贡献、获得领导认可、具有极大正能量的青年职工。

除上述以外，各个国有企业都有一些结合自身特点和青年的兴趣举办的评选活动。

(二)评选类活动的组织和开展

1.准备阶段

准备阶段的主要工作就是制定并公示考核评选机制和程序。考核机制和评选程序是整个评选活动的焦点，也是活动得以顺利进行的重要保证。活动主办者要重视其制定和公示，并积极听取各类反馈意见，及时适当地对其进行修改和完善。

2.实施阶段

评选类活动实施过程应包括以下几个阶段。

（1）候选人推荐和确认阶段。推荐方式主要分为他人举荐和自我推荐两种方式。该阶段要秉承公平公正原则，严格按照评选项目的参评条件和考核标准对他人推荐和自我推荐的候选人进行筛选，将自上而下和自下而上的推选相结合。在候选人推选结束后进行候选人公示，积极

了解民意，保证后续工作有序开展。

（2）投票评选和确立初评名单阶段。候选人确定之后即可进入评选阶段，这一阶段要保证工作的严密性和程序的公正性。要本着公开透明的原则，及时对外公布各评选环节的结果，将评议会的会议记录公开，并注意保存投票的票根以备日后查阅和接受监督。在评选结束后要根据评选的结果，按照各部分评选所占的比例进行分数核算，确立初评结果的名单。

（3）公示阶段。在初评完成后要及时对外公示。公示要注意切忌走形式，否则容易引起不满或使整个活动失去民心而丧失意义。组织者要公布意见反馈电话或邮箱并积极应对质疑，及时回应各种声音。在公示阶段，组织者要注意维护参选人的人格尊严，保护参选人的私人秘密。

（4）正式确认阶段。经过公示阶段后，组织者要整理各种声音，对需要解决的质疑等作出积极的回应。完成这些工作之后方可确立正式人选，要秉持宁可浪费名额，也不可徇私舞弊的基本原则。

（5）评选表彰阶段。总结表彰阶段是体现活动意义的重要环节。组织者要组织一场精彩纷呈的表彰活动，表彰优秀，树立榜样，分享获选人的心得，交流优秀的成长经验。

（三）活动选例（青年岗位能手评选活动）

××市传染病医院“青年岗位能手”评选方案

为全面贯彻落实习近平新时代中国特色社会主义思想，组织和引导全院广大青年职工争当敬业爱岗、技能精湛、勇于创新、贡献突出的青年岗位能手，倡导“行行能成才，人人争成才，学习助成才，实践促成才”的新时代青年成才观，培养造就适应医院改革和发展的综合型人才，院团委决定在全院开展“青年岗位能手”评选活动。

1. 评选范围

年龄在35周岁(含)以下的医院在职职工。

2. 评选条件

(1)能够认真学习和贯彻党的路线、方针、政策,遵守国家法律法规,遵守医院各项规章制度和各项纪律。

(2)具有良好的思想品质和职业道德,爱岗爱院、工作敬业、技术精湛、贡献突出的优秀青年职工。

(3)刻苦钻研业务,熟练掌握本岗位各项业务技能和专业知识,实际操作技能或其优质服务水平在本岗位处于领先水平。

(4)在医疗、教学和科研中努力创新、成绩突出,在同行业中处于领先水平。

(5)无任何违法违纪记录,无重大责任事故的发生。

3. 实施与评定

"青年岗位能手"每季度评选一次,每次不超过四人(医生、医技、行管、护士),每季度末以团支部为单位,在支部各科室内展开初评工作,填写《"青年岗位能手"申报表》,各类表彰(附证书复印件),收到各类患者及家属表扬(附表扬信复印件),有论文发表(附封面、目录、正文复印件),有参与课题(附相关材料复印件)等,报送至医院团委。院团委负责对所有推荐人选的推荐材料进行审核,材料不齐全或不符合要求的人选,不具备参选资格。符合推荐要求的人选经团委会讨论,评选出"青年岗位能手"。

4. 表彰与宣传

"青年岗位能手"评选活动是我院推荐全市"青年岗位能手"的重要依据。院团委对"青年岗位能手"进行表彰与奖励,实行精神与物质奖励相结合的原则,在宣传栏上予以宣传,发放荣誉证书,并给予适当物质奖励。每年获得"青年岗位能手"两次及以上者在推荐入党积极分子时优先考虑,三次及以上者在次年职称聘任方面予以倾斜。

5.有关要求

评选“青年岗位能手”活动,是我院青年政治生活和文化生活中的一件大事,各团支部对此应给予足够重视,主动争取所在党支部和科室领导的支持,必须严格把关,坚持走群众路线,充分发扬民主,经自下而上推荐,保证所推荐的同志具有先进性和代表性。

三、竞技类活动的组织和开展

竞技活动不仅能促进广大青年健康成长,更能推动经济社会的发展进步。而且,青年是一个朝气蓬勃、锐意进取、不断突破自我的群体,才艺的比拼、技能的较量都是青年十分喜爱的活动。

(一)竞技类活动的种类

国有企业共青团组织的竞技类活动主要为体育竞技类活动和才艺竞技类活动。体育竞技活动形式多样,如球类竞技、棋牌类竞技、田径类竞技、武术类竞技、体育舞蹈类竞技、飞行器械类竞技、健身类竞技、趣味运动项目类竞技等。才艺竞技活动形式也多种多样,如演讲比赛、歌手大赛、舞蹈比赛、器乐比赛、朗诵比赛、辩论赛等。

(二)竞技类活动的组织与开展

竞技类活动的实施主要分为赛前准备、赛中安排和赛后总结三个阶段,要以实施方案为准则,有节奏有层次地推进。

1.体育竞技类活动

赛前准备:(1)赛前宣传动员及报名活动。(2)核实场地、器械、人力资源和安全措施等的落实情况。

赛中安排:(1)注意各环节负责人的责任落实,争取面面俱到,包括抽签、计分等细节问题。(2)有一定的预测意识,注意活动进行中可能出现的意外情况,及时采取措施预防并积极有效地解决问题。

赛后总结:(1)及时召开总结会议,有针对性地对活动中的突发情况进行总结并提出意见和建议。（2）总结应点面俱到，重视细节问题，落实责任。

2.才艺竞技类活动

赛前准备：（1）做好赛前报名工作，详细地落实各个才艺的具体名称和内容以便节目单制作、主持人串词和音乐背景的准备等工作。（2）邀请精通相关才艺的专业人士担任评委，注重竞技的专业性和标准化，使竞赛结果具有说服力和权威性。（3）提前安排彩排工作，注意调试音响、话筒、灯光和投影等器械。

赛中安排：（1）注意各才艺展示之间的衔接，衔接工作做不好易出现冷场和混乱，注意场务人员的安排和现场机动人员的调动。（2）重视与各部分责任人的沟通，并及时督促各个工作人员。

赛后总结：（1）及时召开现场总结会议，全面深刻地搜集相关意见和会议。（2）重视整体的把握，以整体的视角察看细节。

（三）活动选例（体育竞技类活动）

××公司健走活动方案

1.活动背景

随着现代人生活方式的改变，健康问题越来越引起人们的重视。长时间的久坐和缺乏运动已经成为导致各种健康问题的主要原因之一。为了提倡健康生活方式，增强员工的健康意识和身体素质，我们公司决定组织一次健走活动。

2.活动目标

本次健走活动的目标是促进员工健康、营造良好的工作氛围和团队合作精神。具体目标包括以下几点。

（1）提高员工的身体素质和健康意识。

（2）缓解员工长时间久坐带来的身体不适。

(3)增强员工之间的沟通与合作。

(4)强化公司的企业文化和员工的归属感。

3.活动安排

(1)活动时间与地点

活动将于每周五下午 2 点至 4 点在公司附近的公园举行。因为该公园是一处环境优美、空气清新的场所,非常适合健走和锻炼身体。

(2)活动内容

本次健走活动的内容包括以下几个方面。

①健康讲座。活动开始前,邀请专业的健康顾问为员工举办一次健康讲座,介绍如何正确锻炼身体、预防常见疾病等内容。通过讲座,增加员工的健康知识和养生意识。

②健走活动。讲座结束后,全体员工进行健走活动。活动时间为 30 分钟 ~ 1 小时,员工可以根据自己的身体状况选择适合自己的步行速度和距离。活动期间,员工可以交谈、互动,增强彼此之间的联系和合作。

③休息与交流。活动结束后,员工可以在公园内休息片刻,与同事交流、分享心得。公司会提供一些水果和饮料供员工享用。

(3)活动周期

公司健走活动确定为每周五进行,连续 8 周,以确保员工能够养成定期锻炼的习惯,促进持久的健康。

4.活动准备

为了确保健走活动的顺利进行,公司需要做以下准备工作。

(1)在公园附近设立签到站,方便员工进行签到。

(2)安排专业的健康顾问开展讲座。

(3)准备足够的水果和饮料供员工享用。

(4)提前准备员工的健走记录表,以便记录每次活动的步数和心得。

(5)提前宣传,鼓励员工踊跃参与。

5. 活动评估与总结

在健走活动结束后,公司将进行活动评估和总结。通过员工的反馈和统计数据,了解活动的效果和员工的参与情况,为以后的健康活动提供参考和改进的方向。

公司健走活动是促进员工身心健康的一项重要举措,也是企业建设和员工福利的重要方面。通过这次活动,员工可以在愉快的环境中锻炼身体,增强彼此之间的合作和交流,进而提高工作效率和生活质量。公司今后将继续举办这样的活动,为员工的健康生活保驾护航。

四、联欢类活动的组织和开展

国有企业举办的以歌舞、才艺表演和联谊交流为主要内容的联欢类活动受到广大青年的普遍欢迎。经常开展联欢类活动,能够极大地调动青年的积极性,持续提升青年职工的归属感、获得感、幸福感。

(一)联欢类活动的种类

共青团联欢类活动主要采用的形式有三种:一是小联欢。这是一种以情感交流为目的而组织起来的一种较为轻松的聚会方式,比较适合小型的团体组织。活动的内容多种多样,可以是唱歌、玩游戏等。二是文艺演出。文艺演出包括为纪念各种活动和节日而举办的大型联欢会,以及各种汇报或慰问演出,它是联欢类活动的主要形式。三是舞会。舞会是一种正式的跳舞的集会,参加者要穿着晚礼服等正装,整场舞会中很大的一部分由交际舞构成。

(二)联欢类活动的组织与实施

1. 小联欢活动的组织与实施

这类活动规模较小,随意性也比较大。虽然活动的场面不大,参与者也不多,但活动气氛热烈和欢快,彼此互动较为方便和深入。该类活动的实施只要有专门的少数几个人负责即可。活动的实施过程中要充分考虑每个参与者的心理感受，尽量让每一个人都融入到活动中去。

2.文艺演出的组织与实施

文艺演出的组织与实施一般分为准备阶段和实施阶段。

（1）准备阶段

一是大力度加强宣传动员。文艺演出相对于一般的小联欢活动规模更大、更正规，其对节目的要求也更高。大力宣传动员的主要目的是让更多的人知道从而前来观看，此外也为了鼓励和挖掘青年中才艺突出的人才，办出质量更高、收效更好的节目。

二是合理编排和搭配节目。文艺演出是各类节目的一个综合体，节目编排和搭配的合理与否将直接影响到整体活动的效果。在节目编排和搭配中要注意以下几个问题：第一，各类节目要穿插进行；第二，开场节目应根据主题选择感染力比较强的节目，以便奠定整场活动的气氛基础；第三，应适当地加入一些小游戏或抽奖环节；第四，活动的整体时间不宜过长，一般以不超过两个小时为宜。

三是提前确定主持人和准备串词。文艺演出活动对主持人的选任具有较高的要求。主持人应有比较出众的外貌和口才，有比较强的感染力和控制力，最好具备一定的幽默感和才艺基础以便能够及时救场。此外，串词也一定要提前准备好。

四是准备好场地和物资。文艺演出的场地应根据活动主题的需要进行布置，比如节日晚会就需要布置得红火一点儿。此外，尤其要注意对灯光和音乐的调试，防止活动进行中出现意外。

五是彩排。文艺演出是多个节目的集合，每个节目之间的连接十分重要，同时节目对场地、灯光和音响也有较高的要求。基于此，文艺演出需要到现场进行彩排，大型和重要的活动更需要多次彩排。

（2）实施阶段

在文艺演出进行的过程中需要重点关注以下方面：首先要注意活动进程的控制。要严格控制每个节目的时间以及节目之间的衔接，要表演的节目应在前面两个节目之前就做好集合和出场准备。要设置专门人员负责不同节目演出的联系工作，防止出现演出人员不到位的现象。其次要制定应急预案。文艺演出对现场的灯光和音响具有较高的要求，一旦出现问题便会影响整个活动的效果，因此要加强这方面的检查及应对工作。

3.舞会的组织与实施

舞会的组织与实施跟文艺演出一样，也要安排好舞曲的搭配，布置好场地。同时对现场的灯光和音响也要给予足够的重视。舞会是一个比较高雅的活动，参与者在舞场上要注意自己的言行举止，遵守舞会的礼仪规范。舞会的礼仪主要包括修饰、邀人、拒绝、舞姿等方面。这里主要介绍修饰、邀人和舞姿。

第一，修饰。参加舞会，服装要整洁、大方，仪表要进行修饰。女子可以化淡妆，穿着得体。男子一般要穿西服，显得大方、文雅。头发要梳整齐。特别需要强调的有两点：其一，务必注意个人口腔卫生，并禁食气味刺激的食物；其二，外伤患者、感冒患者以及其他传染病患者，应自觉不参加舞会。

第二，邀人。邀请他人跳舞，应当力求文明、大方、自然，并且注意讲究礼貌。千万不要勉强对方，尤其不要出言不逊，或与其他人争抢舞伴。一般来说，邀请舞伴时，有两种具体的办法可行。其一，直接法。即自己主动上前邀请舞伴。可先向被邀请者的同伴含笑致意，然后再彬彬有礼地询问被邀请者。其二，间接法。若感觉直接邀请不便，或者把握不是很大时，可以托请与彼此双方相熟的人士代为引见介绍。不论采取何种方法邀请别人，一旦自己想要邀请的人被他人邀请，则须保持风度，遵守先来后到的顺序，礼让对方，等下一次再去进行邀请。

第三，舞姿。进入舞池后，可跟随舞曲曲式和节奏起舞。姿态要端正，身体要正直、平稳，切勿轻浮，但也不要过分严肃，双方眼睛自然平视，目光从对方右上方穿过。不可面面相向，不要摇摆身体，不要凸肚凹腰，不要把头伸到对方肩上。一般男舞伴的右手搭在女舞伴脊椎位置，高低可以根据双方身材而定。男子高的，可以搭得高一些，注意这时女子要把左手搭得低一些，甚至搭在大臂中下部。千万不要把女舞伴右臂架起来，既不雅观也不舒适。男子右手不要揽得过紧，以力量大小变化来领舞。

（三）活动选例（舞会）

联谊舞会策划书

1. 活动主题

携起友谊之手，促进社团负责人交流。

2. 活动目的

以联谊舞会的形式增进学生社团联合总会成员与××个院级社团负责人的交流，增强学生社团联合总会成员的友谊。通过本次联谊舞会，让不同年级、不同专业、不同协会之间的协会负责人、协会会员与社团联合总会成员进行一次真正意义上的交流，结识新的朋友。

3. 活动策划

主办：共青团××××学院委员会。

承办：××××学院学生社团联合总会、××××学院体育舞蹈协会。

协办：××××学院××个院级社团。

活动时间：4月15日或4月22日（星期五）19:50—21:30。

活动场地：××球馆。

活动对象:××××学院社团联合总会全体成员,体育舞蹈协会全体成员,××个院级社团负责人,以及热爱体育舞蹈的××××学院在校学生。

特邀嘉宾:××××学院团委副书记××老师、××××学院团委办公室副主任××老师、××××学院体育部交际舞教师××老师。

4. 活动安排

(1)前期准备安排

一是交际舞练习。体育舞蹈协会在 2 周时间内,安排 8 次对社团总会成员、协会负责人的舞蹈培训,培训舞种为慢三、慢四、伦巴,若培训时间充沛,还可以培训恰恰。社团联合总会文艺部负责每天训练签到。

二是交流互动工作准备。通过抢答、竞猜、游戏等形式,交流社团管理、发展经验、考验社团负责人之间团结协作默契度等。准备各环节所需的抢答问题、竞猜题板等道具。

三是文艺节目筛选。舞会中穿插 3—4 个表演节目,节目形式可以是歌舞、吉他弹唱、近景魔术等,由 35 个院级社团自愿排练,把节目报到社团总会文艺部,由文艺部负责安排彩排或跟进节目,根据节目质量进行筛选。

四是其他准备工作。包括场地申请,宣传板、横幅、舞台布置,材料采购等。

(2)正式活动

舞会布置:①装饰工作 15:00 开始,16:30 结束。椅子准备 30—50 张,供跳舞休息时使用。②音乐由体育舞蹈协会准备,音响设备安装调试时间为 16:30—17:30。③签到工作由社团总会秘书处准备,签到时间为 19:20—20:00。④嘉宾接待:社团总会主席团。⑤现场流程控制:主持人。⑥现场音乐控制:体育舞蹈协会。

(3)活动后期

活动后,社团总会文艺部、体育舞蹈协会各自做一份书面总结,综合评估本次活动成效,并存协会档案。

(4)舞会流程

表演节目:快闪(健身俱乐部);主持人出场,介绍参与舞会老师;第一次舞蹈时间;第一次协会负责人交流互动;表演节目;第二次舞蹈时间;第二次协会负责人交流互动;表演节目;第三次舞蹈时间;表演节目;舞会结束。

(5)突发事件应急措施

①火灾状况

由于到场人员较多,有些人员可能有吸烟习惯,而且因室内灯光效果需要接电线,故必须加强火灾防范,禁止所有到场人员吸烟,禁止明火。一旦火情发生,立即进行人员疏散以保证秩序稳定。

②场面失控

若出现现场无法控制的情况,由社团总会活动部立即报告保卫处。

③断电情况

事先与电路维修人员进行联系,尽量缩短断电维修时间,并准备好备用照明用具。若30分钟内无法修好电路,则活动延期举行,由工作人员组织退场。

④退场拥挤现象

一是布置专门工作人员,维持退场秩序。二是以本协会为一个小组,有序退场,避免拥挤混乱现象发生。

五、大型户外活动的组织和开展

户外活动是指共青团组织的有目的、有计划、有步骤的众多人员参与的活动。户外活动对青年有较大号召力，在团的活动中占有很重要的位置。

(一)大型户外活动的种类

目前，在国有企业共青团工作实践中，大型户外活动的主要形式有：户外环保活动、户外主题活动、户外拓展活动。户外环保活动是顺应可持续发展理念应运而生的活动形式，具有鲜活的生命力和强大的张力，该活动形式具有良好的发展前景。户外主题活动是运用最广泛的活动形式之一，比如“纪念建党100周年”参观革命圣地活动等。户外拓展活动是进行素质拓展和身体拓展的首选形式，其活动项目丰富多样，设计具有科学性和专业性，趣味性和锻炼性强，是青年喜闻乐见的活动形式之一。

(二)大型户外活动的组织与开展

1.准备阶段

(1)深入宣传。大型户外活动往往具有较强的号召力，活动的组织初衷也是为了在社会上造成较大的影响，因此要加大大型户外活动的宣传工作，尽量扩大活动的影响范围。

(2)准备物资。户外环保活动往往需要大量的物资，如植树活动中的树苗、铁锹和水桶等，都要提前运至活动现场。此外，要根据场地的大小和参加人数的多少准备物资。物资的准备要有适当的盈余，因为户外活动有损耗。

(3)现场模拟。大型户外活动的不可控因素相对较多，为保证活动顺利进行，应适当开展现场模拟。如在实际模拟中发现漏洞，要及时弥补。组织者最好能事先到现场进行踩点。

(4)创新环节。针对不同类型和主题的活动，设计紧扣主题、突出主题的创新环节，能给参与活动的青年留下此次活动区别于其他同类型或者同主题活动的深刻印象。

2.实施阶段

(1)程序化管理。程序化管理是科学的管理方法。只有采用程序化管理，才能开展标准化、科学化的活动开展。如果缺乏操作设计，那么在实际的活动过程中就会出现很多问题，导致违背活动设计精神或达不到预期水平。

（2）提前进行方案培训。方案培训对于保证大型户外活动顺利开展及人员安全尤为必要。它不仅能够保证活动质量，而且能够极大调动活动参与人员的积极性，同时也可以有效增强工作人员的凝聚力和自信心。

（三）活动选例（参观革命圣地活动）

“纪念建党100周年”参观革命圣地活动

为了纪念建党100周年，××××公司团委组织参观革命圣地活动，旨在通过实地参观和学习，让团员们深入了解党的历史，感受革命先烈的英勇斗争精神，增强党性修养，提高政治觉悟。

1. 活动主题

以“奋斗百年路、启航新征程”为主题，通过参观革命圣地，重温党的光辉历程，激发青年团员的爱党爱国热情。

2. 活动目的

（1）增强团组织的凝聚力和战斗力。

（2）通过实地参观，让团员们更加深刻地认识党的发展历程，感受到党的伟大。

（3）坚定理想信念，为党和人民的事业不懈奋斗。

3. 活动时间

选择适当的时间进行，以确保参与人员能够充分体验和学习。

4. 活动地点

选择具有重要历史意义的革命圣地，如井冈山、延安等。

5. 参与人员

全体团员。

6. 活动安排

（1）党史知识竞赛。通过竞赛形式，加深对党史的了解和认识。

(2)主题活动。参观革命圣地,了解历史事件和英雄人物的事迹。

(3)红色故事分享会。团员们分享自己所知道的感人红色故事,传承红色精神。

(4)表彰优秀共青团员。对表现突出的共青团员进行表彰,激励大家向先进看齐。

(5)唱红歌。集体演唱经典红歌,抒发对党和祖国的热爱之情。

7.活动要求

全体参与人员要高度重视此次活动,积极参与。活动期间要严格遵守纪律,保持良好的秩序和形象。各部门要密切配合,确保活动顺利开展。

第四节　中国华冶团委特色工作案例

近年来，中国华冶团委以习近平新时代中国特色社会主义思想为指导，认真学习贯彻党的二十大和团的十九大精神，在广大青年中弘扬爱国主义精神，坚定“四个自信”，坚决执行“实事求是、解放思想、锐意改革、简政放权、激发活力”的工作总方针，加强青年思想引导、服务企业改革发展、服务青年成长成才，再造华冶发展新优势，团结带领广大团员青年为建设美好华冶贡献青春力量。

一、组织青年员工开展岗位练兵、青年岗位能手技术比武活动,创新高效促进技能提高和现代化施工生产

一是在西藏那曲项目组建“智慧项目工作室”并授牌，既成为创建青年文明号的“智慧”支持，又为该项目新技术（工艺）的开发、应用提

供有效支持和保障。

二是在天津第三分公司东五份子项目部与公司工会共同成功举办中国华冶首届职工技术、技能比武大赛，公司团委号召广大青年员工坚持岗位学习、岗位成才，大力弘扬工匠精神，成为企业发展前行的动力源泉，成为公司发展中不可或缺的技术精湛、作风过硬、综合素质高的技术青年人才队伍。

二、在施工现场组织召开青年分享会，“留情、留心”为企业留住青年人才

公司团委先后在原天津第三分公司（现为天津矿业分公司）铁蛋山采矿项目部、东五份子和书记沟项目部等驻地、西南分公司等分公司机关组织召开青年职工分享会，项目部青年职工累计约近百人参加。每次分享会都根据项目特点确定主题，围绕发生在我们身边触动人心的一件事，气馁时朋友激励你的一句话，工作中影响你成长的一个人，或者是自己的人生理想和目标等积极向上、催人奋进的内容展开；还有以“平凡岗位的不平凡”为主题的分享会，旨在引导青年爱岗敬业，提升企业对青年的凝聚力，留住人才。在每次分享会上，青年们分享的故事都给在场的其他青年内心留下感动，这些感动潜移默化，教会青年们敬畏工作、承担责任、不负使命。公司团委在全公司范围内推广这一初见成效的创新品牌活动，号召其他分公司团委、项目部团支部也陆续根据各自工作进度、施工情况，适时开展青年分享会活动，倾听基层青年心声，关照一线青年心理健康，指导青年职业生涯规划，坚定青年理想信念，为企业留住青年人才，焕发青年内心对企业的感动、感恩，心甘情愿为企业的创新发展奉献自己的才智和青春，为公司整体人才流失现象减少、人才流入增加的良好趋势起到一定作用。

三、在条件特别艰苦的西藏、青海等高原矿山项目、重点项目，借助EAP理论体系在项目部建立“青年心理辅导室”

针对项目部员工长期在高寒缺氧的恶劣环境下工作、生活，为缓解远离家乡、无法照顾家庭等困扰，聘请国家二级心理咨询师为青年提供公益性远程（视频）心理辅导等服务，帮助员工和家属更好地解决个人生活和工作方面的种种困惑。

四、开展大型企地共建、协同业务活动，提升青年团队凝聚力、区域向心力、社会影响力、业务互动力

公司团委策划并组织了中冶集团驻天津子企业中冶天工、中冶建工、一冶以及中国华冶在天津的青年员工开展了拓展训练营及青年联谊活动，并邀请了天津团市委领导出席，按照“业务协同发展”的思路，不仅打破了子企业自己组织开展活动的封闭局面，第一次形成了中冶驻津青年的交流互动平台，第一次形成了天津区域所属子企业间的团系统业务协同发展，还提高了中冶集团驻津青年的团队凝聚力，更加强了与天津地方团组织的友好共建，大大提升了企业在地方的良好社会形象和文化氛围；公司团委组织华冶安徽杜达分公司团员青年12人代表中国华冶参加了安徽霍邱县“淮畔古塘，青春毅行”第一届公益毅行活动，此次活动在水门塘举行，企地共计1000多名青年人参与活动，促进了分公司与驻地的共建；公司团委提议并策划了中冶集团子企业驻津机构的团干互换讲团课活动，吸收并学习各机构团干工作经验，为青年团干的成长搭建良好学习平台，形成天津区域的学习交流和业务协同的共同发展趋势。

五、在施工一线举办“情感体验”新形式青安岗启动仪式

公司团委在原天津第三分公司（现为天津矿业分公司）团委、安全部门承办的铁蛋山项目部联合组织下，举办了以“安全生产，青年当

先”为主题的“青年安全生产示范岗”“青年安全监督岗”创建活动启动仪式。此次启动仪式在青春洋溢的五月、国家“安全月”来临之际举办，以“情感体验”为创新形式，以情动青年为心灵指引，目的是让青年深刻领悟安全护航的重要意义，从而更为自觉主动地担当安全生产和监督责任。

庄严的仪式感导入。无论是全体青年合唱团歌的激扬，还是青安岗全体岗员面对团旗和岗旗宣誓的庄严，都注重以“青年安全生产示范岗”“青年安全监督岗”创建活动的重要意义作为切入点，导入新时代青年更注重心灵感受的新思想环境。

温暖的真情感融入。入理、入情、入心的活动是新时代青年的需要。温暖的真情感表达，使青年人无不感受着亲情、爱情给予内心的触动。因为安全不仅是企业生存和发展的护航者，更是每个人、每个家庭最重要的那片天空。“安全，是回家最近的路。”启动仪式上，展播主题VCR之后，同在项目上工作的两对小夫妻感触深刻地发言。

厚重的责任感担当。两级公司高度重视对青年员工的培养，充分发挥青年职工在工作中的先锋作用。可见青安岗创建活动不仅是树立一个标杆，同时也是搭建一个平台，充分发挥青年对矿山安全管理的奉献作用，使青年真正懂得自信与坚持，感恩与担当。

情动新时代青年。“情感体验”新形式启动仪式充分调动了青年员工对安全工作的积极性，用深刻、浓烈的情感体验激发青年员工对安全生产的理解与认识，使青年员工自觉主动地以身作则、监督他人。不仅提高了青年的安全生产技能，打造出一个良性发展的成长环境，而且也切实发挥了“青年安全生产示范岗”“青年安全监督岗”在生产中的“安全哨兵”作用，更好地培养出一支业务素质过硬的矿山青工队伍，为全过程安全生产保驾护航，为企业安定向好保驾护航！

（摘编自河北新闻网 2023 年 4 月 10 日）

第七章　国有企业共青团干部的培养与胜任力

企业共青团的特殊属性决定了它与其他领域共青团工作的不同，企业共青团工作一定要以企业生产经营工作为前提，将服务青年和服务企业有机结合。而作为国有企业共青团组织，更要成为促进企业改革发展的重要推动力量，成为企业价值链中不可或缺的重要一环。团干部是国有企业共青团工作的骨干力量、带动力量，建立一支专业化、高素质的国有企业共青团干部队伍，是拓展共青团工作的重要基础，是保证党的事业后继有人的重要举措，更是推进国有企业改革、促进稳定发展的重要保障。

第一节　国有企业共青团干部应具备的素质

国有企业团的干部要做团员和青年的表率，模范地履行团员的各项义务，刻苦学习、勤奋工作、勇于创造、自觉奉献，做让党放心、青年满意的干部。

一、国企共青团干部的身体和心理素质

国企共青团干部的身体和心理素质，直接决定着国企团的工作成效。

(一)良好的身体素质

身体是德、识、才之载舟，是为事业奋斗的基础。国企团的干部的职业特点和工作性质决定了他们需要有良好的身体素质作为支撑。新时代国企团干部要在有强大竞争力的环境中开拓进取，其精神、心理和体力上都承受着很大的压力，身体常常是超负荷运转。所以，具备健康的体质不仅是新时代国企团干部本人应有的状态，也是事业发展的需要。新时代国企团干部必须把坚持锻炼身体作为每天生活中的一项重要内容，以保持充沛的工作精力和持久的工作耐力。

(二)优秀的心理素质

心理素质包括的范围很广，概括来说主要有性格、情绪、意志、兴趣和气质等。古今中外，优秀的领导者无不具备优秀的心理素质。国企团干部，特别是新时代的国企团干部，具备良好而健全的心理素质显得尤为重要。阳光向上的心理素质不仅关系到国企团干部个人的工作状态，也直接影响着国企的整体氛围和工作效率。作为国企团干部应当具

备以下四个方面的心理素质。

1. 不畏艰险、坚韧不拔的意志

不怕困难、百折不挠、越挫越勇，锲而不舍地为党和人民的事业奋斗，做到坚定性、坚韧性和慎独的统一。只有具备这样的意志品质，才能经得起新时代的严峻考验，成为合格的团干部。

2. 沉着稳定、不骄不躁的心态

这是衡量一个人心理成熟程度的重要标志。作为团干部更应当具有稳定的情绪，沉着老练、有自控力，胜不骄、败不馁。不因小胜而得意忘形，也不因挫折而沮丧灰心。做到临危不惧、处变不惊，谦虚谨慎、虚怀若谷。

3. 高尚健全的人格

高尚健全的人格本身就是一种无形、巨大的影响力和感染力，具体包括：坚持原则、正直公道，胸怀坦荡、光明磊落，严以律己、宽以待人，勤奋好学、终生学习，崇尚真理、实事求是，廉洁奉公、为人表率，淡泊明志、宁静致远等方面的品质。

4. 健康的情感意向

首先，要信赖集体和理性的力量，摒弃凡事由天定的宿命论，相信人定胜天。其次，要用乐观的态度审视未来。再次，拥护法制，摒弃特权意识。坚定法律面前人人平等的理念，珍惜法律赋予的权利，忠实履行法律规定的义务，反对以权代法和徇私舞弊。

二、国企共青团干部必须具备的理论素质

新时代国企团干部必须具有坚实的理论功底，也即是马克思主义理论功底。有了这个理论功底，才能深刻理解党在社会主义初级阶段的基本路线，才能坚持实事求是、一切从实际出发的思想路线，运用正确、科学的思维方式和方法开展工作，创造性地执行党的路线方针政策，提

高自身的政治素质、工作水平和领导能力。

（一）系统学习掌握马克思主义基本原理

马克思主义是关于社会历史发展的一般规律，特别是关于资本主义发展和转变为社会主义，以及社会主义和共产主义发展的一般规律的科学真理。马克思主义是深深植根于实践并在实践中不断发展的科学。国企团干部要结合工作实际，系统学习掌握马克思主义的世界观、方法论和基本原理。

（二）用中国化的马克思主义武装头脑、指导实践、开展工作

毛泽东思想、邓小平理论、“三个代表”重要思想、科学发展观、习近平新时代中国特色社会主义思想，是中国化的马克思主义。肩负历史重任的新时代国企团干部，只有掌握了这些理论，才能坚定中国特色社会主义必胜的信念；才能按照我国仍处在社会主义初级阶段的科学论断，紧紧抓住解放生产力、发展生产力，消灭剥削，消除两极分化，最终达到共同富裕这个社会主义的本质，坚持以发展生产力为根本任务，坚持走好改革开放这条“必由之路”；才能不断改善和加强团的自身建设，更好地坚持四项基本原则这个立国之本，助力以进一步全面深化改革推进中国式现代化的宏伟大业。

三、国企共青团干部的政治素质

新时代国企共青团干部应具备的政治素质主要包括政治思想、政治立场、政治水平和政治行为能力等。其主要表现在以下几个方面。

（一）坚定不移地执行党的路线方针政策

“一个中心、两个基本点”是我国社会主义初级阶段的基本路线。“一个中心”即“以经济建设为中心”，“两个基本点”即“坚持四项基本原则”“坚持改革开放”。党的十一届三中全会以后，我们党逐步形成了我国处于并将长期处于社会主义初级阶段的科学判断。1987 年 10 月，

党的十三大对社会主义初级阶段理论作了系统阐述，并确定了社会主义初级阶段的基本路线。基本路线高度概括了党在社会主义初级阶段的奋斗目标、基本途径、根本保证、领导力量和依靠力量，以及实现这一目标的基本方针。这一路线随着时间的发展不断丰富，是党和国家的生命线、人民的幸福线。

党的二十大报告指出："坚持以经济建设为中心，坚持四项基本原则，坚持改革开放，坚持独立自主、自力更生，坚持道不变、志不改，既不走封闭僵化的老路，也不走改旗易帜的邪路，坚持把国家和民族发展放在自己力量的基点上，坚持把中国发展进步的命运牢牢掌握在自己手中。"新时代新征程，我们必须在实现中华民族伟大复兴的征程中践行理想信念，坚持以习近平新时代中国特色社会主义思想为指导，以忠诚跟党走为根本保障，坚定不移地贯彻党的路线方针政策，既坚定走中国特色社会主义道路的信念，同时始终胸怀共产主义的崇高理想。

（二）在政治上同党中央保持一致

一是要坚决维护党中央的权威。维护党中央的权威是党和人民的最高利益所在。只有维护党中央的权威，才能维护国家的统一、人民的团结和社会的稳定，才能保障改革开放和现代化建设的顺利进行。

二是要保证党中央的政令畅通。我们党要求各级领导干部结合本地区、本部门、本单位的实际，创造性地贯彻执行中央的路线方针政策，是为了党中央的政令能够畅通，能够得到切实的执行。团的干部自然也毫不例外。

（三）认真维护和执行民主集中制

民主集中制是共青团根本的组织原则，是科学、合理、有效的制度。认真维护和执行民主集中制，就必须做到：充分发扬民主，尊重团员主体地位，切实保障团员的民主权利。要实行正确的集中，加强组织性和纪律性，保证团的决议得到有效的贯彻执行。

四、国企共青团干部的道德素质

团干部是青年标杆，是团组织职责的执行者，团干部道德素质的高低对团组织有着极大的影响。

(一)具有强烈的事业心和高度的责任感

新时代国企团干部要有强烈的事业心和高度的责任感，忠于职守，热爱本职工作，对自己的工作耐心细致，一丝不苟。在任何情况下，都要对工作始终保持旺盛的热情，要有为党、为国、为民建功立业的雄心壮志。新时代国企团干部的责任心和其事业心是紧紧连在一起的。大的方面，要以振兴中华、建设现代化强国为自己的神圣职责，时刻牢记党和人民的重托，一言一行都要向党和国家的整体利益看齐。小的方面，就是要敢于对自己所管的工作承担责任，不感情用事，不推诿搪塞，严肃认真、尽职尽责地做好上级交办的工作。

(二)正确运用自己的职权

新时代国企团干部要正确运用手中的权力，做到以下几个方面。

1. 廉洁奉公、不谋私利

廉洁奉公就是指能够经得起诱惑和考验，不以权谋私、不徇私舞弊、不搞特权、不贪钱财、不收贿赂，清正廉洁、勤政为民。国企团干部担负着一定的职务，掌握一定的权力，存在着被腐蚀、被“糖衣炮弹”击中的危险。因此，要不断加强自身的思想道德修养、政治修养、作风修养、组织纪律修养，内化于心，外化于行，坚决抵制“糖衣炮弹”的腐蚀。

2. 公道正派、刚正不阿

公道正派、刚正不阿，就是在任何工作中都要实事求是。国企团干部要严格按照正确的原则办事，对待任何人都要一视同仁，不能因为是亲朋好友就厚待，也不能利用职权谋取私利，更不能官官相护；要公私分明，赏罚得当，严格按照党和国家的路线方针政策办事；要敢于碰硬，不徇私情，不搞特殊化，不拿原则做人情。在用人方面，要坚持任人唯贤，反对任人唯亲。在处理上下左右的关系上，要平等待人，坦诚相见。在金钱物质方面，要坚持原则，统筹兼顾，处理好全局与局部、长远和眼前、公与私等方面的关系。

（三）谦虚谨慎、团结协作

习近平总书记高度重视谦虚谨慎优良作风的继承和发扬，强调“全党必须继续谦虚谨慎、艰苦奋斗，调动一切可以调动的积极因素，团结一切可以团结的力量，全力办好自己的事，锲而不舍实现我们的既定目标。”①历史和实践已经充分证明，一个始终具有谦虚谨慎优良作风的政党，必定兴旺发达，必将不断取得一个又一个胜利。

团结就是力量，团结才能胜利。大到一个国家，小到一个团队，只有团结才能拥有凝聚力，也只有团结才会拥有战斗力。作为国企团干部，任何时候都要讲团结，具体来说，对上级决策部署要贯彻落实，对同级要互帮互助，对下级要照顾支持，激发其内生动力，在履职尽责、为民服务的实践中做出业绩。

（四）遵纪守法、大胆创新

遵纪守法就是要严于律己、以身作则，做遵守和维护党纪、政纪、国法的模范，坚决贯彻法律面前人人平等的原则，任何时候，头脑都要清醒，原则性要强。国企团干部要依法办事，依法履行职责，自觉接受党纪国法的约束，把自己的活动限制在纪律和法律许可的范围内。

大胆创新，就是要勇于探索，不畏艰险，开拓进取。要不断地学习、思考，改进思想作风和工作方法；要敢于认识新事物，研究新情

① 《习近平在省部级主要领导干部学习贯彻党的十九届五中全会精神专题研讨班开班式上发表重要讲话强调 深入学习坚决贯彻党的十九届五中全会精神 确保全面建设社会主义现代化国家开好局》，《人民日报》2021年1月12日。

况，解决新问题，打开新局面。实际生活中，有的团干部缺乏创新的勇气和胆识，文件上没有写的不敢讲，上级没有说的不敢做，外地没有做的不敢创，一味地等上边、看别人，这样工作肯定无法打开新局面。当然，创新并非异想天开、随意杜撰，也不是把传统的东西全部抛弃。相反，那些已被实践检验是正确的做法、成功的经验、好的传统和作风，不仅不能否定，还要加以继承，并在新的历史条件下不断丰富和发展。创新要在党的路线方针政策的指引下，从实际出发，在实践中积极探求解决新问题的新途径、新方法，总结新经验，创造新理论。

五、国企共青团干部的文化素质

面对21世纪以高新技术革命为时代特色的人类经济和社会发展，面对新时代多学科之间交叉、融合、渗透的科技发展潮流，更新知识、提高文化素质已成为个人和社会发展的迫切需求。国企团干部的文化素质不是天生就有的，而主要是通过后天的学习、实践和锻炼形成的。因此国企团干部要树立终身学习的观念，把加强学习作为一种责任、一种追求、一种境界。尽管不同部门的团干部，其具体的知识构成有所不同，但应掌握的基本文化知识是必不可少的。

(一)科学文化方面的知识

学习科学文化知识是紧跟时代发展的迫切要求。在国际竞争日趋激烈并越发明显表现为国家科技创新实力较量的今天，国企团干部更需要从事关国家富强、民族振兴的高度来把握科学发展规律，增强科学发展本领，提升自身科学素养，有效运用现代科学技术助力国家发展。

(二)哲学及科学思维方面的知识

马克思主义哲学为我们提供了科学的世界观和方法论，是我们认识世界和改造世界的强大思想武器。作为国企团干部，必须学深悟透。此外，要科学地进行思维，还必须掌握有关科学思维的知识，如思维科学、科学方法论、逻辑学、系统科学等。

(三)政治、经济等理论知识

主要包括马克思主义基本理论(政治经济学、科学社会主义等)、政治学、经济学、法学等。

(四)与“领导”相关的软科学知识

国企团干部必须掌握有关的软科学知识。主要包括:党的学说与党的建设、管理学、领导学、决策学、心理学、行为科学、人才学等。

(五)与部门业务有关的知识

这类知识因部门不同而有不同的要求。但国企团干部对本部门业务一定要有真知灼见,却是共同的要求。

新时代国企团干部的知识结构是一个开放的、动态的系统。其中的知识要随社会的发展、知识的更新、工作任务的变化等因素的变化而不断充实、更新和调整,以便自己能够适应社会历史的发展趋势,胜任承担的领导工作。

第二节　国有企业共青团干部应具备的能力

团的事业是阳光的事业,因为在这个温暖的大集体中充满了蓬勃的朝气和热情的干劲。团的事业是青春的事业,因为这是年轻人的队伍,是所有优秀青年人的聚集地。在共青团的组织里,每个人都像一团火,共同照亮前进的道路。而作为一名国企团干部,不仅要对国企团的队伍有清晰的认识,同时还要具备多种能力,这样才能在队伍前进的过程中做好协调和引领工作。

一、国企共青团干部的基本能力

“四会”能力即“会听”“会读”“会说”“会写”。新时代，“四会”能力是国企共青团干部必须具备的基本能力。

（一）国企共青团干部要善于“听”

“听”的能力包含以下四个方面。

第一，国企团干部要会“听”上面的声音，这里主要是指国企团干部要善于理解上级组织发出的信息，包括对党的领导精神、当前时事的判断、各部门工作指导思想等的理解。共青团是党的忠实助手和可靠后备军，在团的发展过程中时刻都离不开党的领导，离不开人民群众的监督和指引。所以，身为共青团干部要加强对上级领导重要指示精神的学习理解，深刻领会其中的内涵，同时要对当前的政治形势有全面的了解，形成自己的判断，坚定立场，更好地为党、为青年服务。这里所说的“听”不是盲目地听从，而是要求团干部具备良好的理解能力和明确的判断能力，甚至是公正的是非观和坚定的政治立场，这些能力是开展团的工作的最基本的能力。

第二，国企团干部要学会“听”周围的声音，这里主要是指要善于听来自社会的声音。团的事业是集体而不是个人的事业，做团的干部首先要对自己有明确的定位——团干部是为党和广大团员青年服务的。共青团是群众性的青年组织，这是团的性质，所以，善于“听”来自社会的意见和建议是做好共青团工作的重要基础，同时也可有效地避免共青团干部“闭门造车”。“听”社会的声音可以在一定程度上扩大共青团的工作影响力，有利于团组织发出自己的声音，打造自己的品牌。

第三，国企团干部要善于“听”广大团员青年的声音。作为优秀青年组织的干部，首先就要在思想意识和行为规范方面起到表率作用，但人无完人，当自身的缺点表现在工作中时，要勇于接受他人的指正和批评，决不能有凌驾于他人之上的思想。否则，团干部就很难在青年中开展工作。而且，一个人的能力往往是有限的，做团的工作就要善于发掘团员青年的潜质，要懂得调动广大青年的积极力量共同进步，共同创造成绩。在工作中出现的任何情况，团员青年都有发表自己意见的权利，这一点也是团组织开展工作的良好的社会基础。而且，多听周围的声音，可以开阔自己的视野，开拓工作思路，能在交流和聆听中碰撞出思维的火花。

第四，国企团干部要善于“听”自己的声音。很多时候，当各种意见和建议不统一的情况下，共青团干部就需要自己进行分辨和选择，听从自己内心真实的看法，做出最有利于工作的决定，决不能人云亦云，盲目跟从。可以说，能够做到“听”自己的声音也是考察一个干部是否具有领导能力的重要标准之一。

总的来说，善于“听”就是要学会观察、思考，能够根据自己的判断指导自己的工作，学会“听”将会提升团干部在团的队伍中的威信。

（二）国企共青团干部要能“读”

“读”的内涵非常丰富，但就其某一方面来说，能够“读”出该读的信息，应该是国企团干部具备娴熟的工作技巧和和谐的人际关系的体现。做共青团的工作，很多时候就是在和人打交道，和青年人打交道，这就需要团干部具备解读青年人心理和行为的能力，具备与人沟通的能力，这实际上是对共青团干部提出的极高的工作要求。

在当今社会，青年群体具有非常鲜明的时代特征，他们富有个性，追求时尚，喜欢叛逆，这些都需要团干部去了解和认知。只有深入青年人的内心，才能理解他们的世界，才能和他们打成一片，才能真正做青年人的指导者和领导者。要拥有“读”的能力，团干部还需要不断地丰富充实自己，要在多学科、多领域里开展探索研究，多角度地拓宽工作思路，掌握娴熟的人际交往技能，将自己的职业升华为事业，走专业化发展的道路。

此外，国企团干部还要能“读”出有利于共青团发展的信息，这就需要具有较强的观察能力，知道什么样的活动能给团员青年带来收获，知道什么样的活动能增强团组织的凝聚力，知道什么样的工作方式能提升团员青年的素质，也知道通过何种途径去帮助青年实现自己的理想。换句话说，“读”的能力也是观察的能力，是与人交往的能力，是与广大团员青年交流沟通的能力。

(三)国企共青团干部要善于“说”

“说”是共青团干部应具备的基本工作技能之一。在很多情况下，团的干部要掌控自己的团队，要在任何场合下制造所希望的效应，要使团员青年紧密地团结在一起，都离不开“说”的能力。

首先，要“能说”。团干部要布置工作、组织活动，就需要发动和宣传，那就一定要“说”。团干部说出自己的看法，说出自己的计划，既要分门别类、条理清晰，又要让团员青年听得懂，并积极参与其中。只有“说”才能为团组织营造出良好的活动氛围，形成一定的影响，达到预期的效果。须知一次成功的团队活动，往往取决于前期的发动和宣传。

其次，要“会说”。“说”并不是乱说，要说得技巧，要知道说什么、怎么说，说到什么程度、说出什么效果，否则就等于“白说”。团干部要在“说”的过程中让团员青年知晓整个活动的核心和关键，明白活动的意义、目的和整个过程。“说”的能力，体现在团干部做事要有计划性、组织性，能提高青年的积极性，同时这也是团干部知识水平的体现。团干部要想“说”得好，就需要不断完善自我工作的方式，做到努力创新、踏实实践，不断地进行思考和反思。

最后，“说”的能力，也体现在要让团干部懂得将自己的工作成果形成影响，要让别人知道。在他人了解的过程中，其实也是对自身工作的一种理解、认可。通过你的“说”，团的影响范围扩大了，得到支持的机会多了。因此，团干部要会“说”，说得巧、说得妙。

(四)国企共青团干部要能“写”

“写”就是要能写工作计划、工作总结、工作方案和理论研究成果等。作为新时代的国企团干部，具备“写”的能力是做好国企团的工作的基础。随时随地地记录和整理，是国企团干部能力、素质得以提升的重要保证。

任何活动都有严密的计划和详尽的总结，这就要求团干部开展工作时能做到心中有数。作为指导者，首先就要有计划，然后结合其他方式，补充完善自己的计划，这样在开展工作的时候就不会失去方向或者中途失败。其次要有总结，只有在活动结束后立刻进行反思，将工作中的成败作出详尽地分析，才能真正地体现活动的意义，也才能更好地帮助广大团员青年。

工作心得是针对团干部本身提出的要求，国企团干部要实实在在地把自己工作中收获的点滴形成文字，做好记录和保存，这不仅能考察团干部的细心，同时也是其具有工作韧性和耐性的体现。因为没有沉稳的心思和活跃的思维是无法让自己的水平得到提升的。

最重要的是，团干部除了具备实践的精神外，还要有理论研究的能力。共青团工作常做常新，每一阶段都有其鲜明的特征，针对不同时期不同特点的团员青年队伍，一定要在理论上形成研究的氛围。这种研究的能力其实也是考察共青团干部是否具备一定的文化水平和知识结构的要求，对其本身也是一个挑战。作为团员青年的优秀代表，团干部一定要将这种挑战看成是提升自我的机遇。因为做好理论研究，不仅有利于共青团朝着更正确、更开阔的方向发展，还有利于团干部今后工作的创新。

二、国企共青团干部的思维能力

具备并掌握科学的思维方式是破题解难的关键，这对于我们团干部开拓进取、干事创业具有非常重要的意义。近年来，随着高等教育的日益普及，团干部的整体学历水平越来越高，不少团干部拥有硕士学历甚至博士学历。然而，学历水平与科学思维水平之间并不能简单画等号。学历水平高，并不代表对问题的把握能力、对问题之间内在逻辑关系的把握能力、对问题背后种种深层原因的把握能力等方面的水平就高。因此，国企共青团干部要切实提高自己的思维能力。

(一)辩证思维能力

辩证思维是观察、认识和分析事物的科学的思维方法。有了辩证的思维能力，就能以战略的眼光、系统的观察、综合的分析、创新的精神去防止思想主观片面和静止僵化，达到思维的客观性、灵活性、敏捷性、准确性、果断性、综合性、全面性、预见性和创造性。

不谋万世者，不足以谋一时；不谋全局者，不足以谋一域。辩证唯物法认为，在整体和部分、系统和要素的关系中，整体或系统处于统帅决定地位。广大国企共青团干部要积极运用辩证思维开展工作，坚持学习，积极运用，从群众中来到群众中去，把辩证思维用到实处、落到实事上，坚持两点论，抓重点，抓关键，把辩证思维自觉运用到理论学习和实践总结中，看清本质，把握规律，不断提高驾驭复杂局面、处理复杂问题的本领。

(二)见微知著的能力

习近平总书记在中央党校（国家行政学院）中青年干部培训班开班式上强调："领导干部要有草摇叶响知鹿过、松风一起知虎来、一叶易色而知天下秋的见微知著能力，对潜在的风险有科学预判，知道风险在哪里，表现形式是什么，发展趋势会怎样，该斗争的就要斗争。”[①]“要善斗争、会斗争，提升见微知著的能力，透过现象看本质，准确识变、科学应变、主动求变，洞察先机、趋利避害。”[②]见微知著，就是要求广大团干部增强敏锐性、洞察力、预见性，第一时间发现苗头性、倾向性问题，第一时间分析、研究这些问题，第一时间果断采取措施解决这些问题，从而在面对风险挑战时能够化被动为主动。

（三）统筹全局的综合能力

团干部能否做到胸有全局、宏观把握，取决于他的综合能力。新时代团干部应在分析的基础上，把具体事物的各个侧面联系起来，将其形成整体在思维中再现，以便从联系中把握事物的本质。在领导实践中，对于各种情况、各个方面、各种特征、各个部分，团干部都需要把它们结合成完整的整体来进行综合研究，这样才能形成正确的决策。否则，就会作出孤立的、片面的决策，导致工作的失败。

（四）刚毅果敢的决断能力

新时代团干部要在复杂变化的各种条件下抓住主要矛盾和矛盾的主要方面，抓住事物本质，善于排除干扰，控制局势，不为一时一事的得失所困扰，能够从众多的主意中选出最好的主意，从各个方案中决定采取最佳方案，促进团的工作向着成效最为显著的方向发展。

（五）灵活巧妙的应变能力

广大团干部要主动增强本领，适应变化，把握规律，具备在工作中识变、应变、求变的能力，创新工作方式方法，在实干中践行初心

---

① 《习近平在中央党校（国家行政学院）中青年干部培训班开班式上发表重要讲话强调：发扬斗争精神增强斗争本领 为实现“两个一百年”奋斗目标而顽强奋斗》，《人民日报》2019 年 9 月 4 日。

② 《习近平在中央党校（国家行政学院）中青年干部培训班开班式上发表重要讲话强调 立志做党光荣传统和优良作风的忠实传人 在新时代新征程中奋勇争先建功立业》，《人民日报》2021 年 3 月 2 日。

使命。

新时代团干部要有科学应变的智慧。保持清醒头脑，既不能违反原则，又要灵活机变；既不能违背政策，又不能迂腐保守。因势利导、统筹谋划、精准施策，努力做到在工作中防范和化解重大矛盾和风险。

（六）锐意开拓的创新能力

新时代团干部的创新能力表现在善于捕获信息，探测环境变化，敏锐地发现新动向、新关系、新矛盾，运用丰富和开阔的想象力，把储存在大脑中过去彼此相互结合的有关因素联系起来，重新筛选、组合、变化、补充和改造，形成新形象，从而加工出新观念、新设想，提出新方案、新办法，工作中有所发现、有所创新、有所突破，走出一条成功的新路子。

三、国企共青团干部的组织管理能力

国企共青团干部的组织管理能力，事关国企团的工作的组织和开展，事关国企团员青年的教育工作。

（一）点面兼顾的计划能力

团干部的计划能力，是指为了实现组织的目标，在周密调查研究的基础上，制定施政规划和方案的本领。新时代团干部应具有较强的点面兼顾的计划能力，其制定的计划，应给人以奋发即成功、苦战能过关之感。

（二）严谨高效的管理能力

新时代团干部担负着组织机构的管理工作，要有驾驭计划、组织、协调、执行和控制的管理全过程的能力。管理能力从根本上说就是提高工作效率的能力。为了切实提高工作效率，改善自身的管理能力，团干部要对如何改善工作有一个清晰的了解。首先是要对工作进行深入调查，透过事实找出能反映问题的充分信息，并对信息进行深入分析。其次是及时了解目前工作的进展，敏锐地察觉目前工作水平同设计标准的差距。最后是采取措施来纠正实际结果与标准结果之间的偏差。

（三）统率运筹的指挥能力

指挥，就是发令调度。新时代团干部应具备指挥若定的高超能力，能运用带有强制性的推动力和非强制性的引发力，以统御和指引部下的行为，齐心协力去达到本组织的目标。

（四）公道处事的协调能力

新时代团干部应自觉地同上下级和广大团员青年平等相处，具有关心别人的意识；能够把握下级的思想动态，循循善诱；能够公正评价团员青年的成败功过。新时代团干部应注重发挥协调能力，巧妙地调节领导班子中才能不同、性格不同、风格有异、思路不一的状况，做到优势互补，协调一致。只有这样，团干部才能将其所在单位的领导班子发展为配合默契、协调一致的集体，减少工作上的内耗，形成合力，推进工作的发展。

（五）挥洒自如的社交能力

新时代团干部的社会交往能力关系到其工作成果的大小和工作的成败，应当增强自己的社交能力，广泛与社会各界接触，以开辟信息来源，搞活各方关系，树立形象，取得良好的工作成效。

第三节　国有企业共青团干部素质与能力的提升

共青团干部作为我们党青年工作的组织者、实施者、推动者，是我们党干部队伍的重要组成部分，也是共青团工作的骨干力量。团干部的素质和能力直接关系到党的路线方针政策在青年工作中的落实，更直接关系到团组织在青年中的影响力和社会上的公信力。因此不断加强团干部自身素质和能力的建设，是国有企业共青团组织提高服务能力的保证，也是国有企业团干部做好各项工作的前提和基础。

新时代，尤其是在全面建设社会主义现代化国家的新的历史条件下，随着社会主义市场经济体制改革的不断深入和完善，人民的社会生活方式，思想政治工作的任务、内容、渠道都发生了很大变化。面对新情况、新发展，国有企业团干部必须注重自身素质与能力的提升。

一、国企共青团干部素质与能力提升的重要性和必要性

国企共青团干部素质与能力提升，关乎国企的发展，也关乎国企团员青年的成长。

（一）国企共青团干部的素质与能力提升是共青团的政治职责的需要

共青团是党领导的先进青年的群众组织，是党的助手和后备军。其事业是党的事业的一部分，其奋斗目标也是从属于党的为共产主义奋斗的最终目标。国企共青团干部队伍是党的干部队伍的重要组成部分，同样需要按照党的要求履行必须承担的政治职责。因此，团干部的素质与能力提升是当好党的助手、完成党交给的光荣任务和保持共青团先进性的必然要求。团干部思想作风的好坏，直接影响到共青团政治职责的发挥。由此可见，团干部的素质与能力提升是一项重要而紧迫的任务。

（二）国企共青团干部的素质与能力提升是推动团的事业不断发展的需要

随着改革开放的深入和社会主义市场经济的发展，共青团工作遇到了许多新情况、新问题，突出表现在：面对思想多元化的青年群体，团组织的工作手段单一、方法陈旧，对青年思想缺乏及时准确的把握，造成团组织的工作针对性不强、吸引力不高；团干部队伍的整体合力不强，思想状态、精神面貌和作风都有待加强；团的部分体制和工作运行

机制还不够成熟，影响团组织战斗力的发挥；等等。这对团干部的作风提出了新的要求、新的挑战。共青团要保持旺盛活力，不断巩固党的青年群众基础，确保党的事业后继有人和国家的兴旺发达，就必须进一步促进团干部的素质与能力提升。

（三）国企共青团干部的素质与能力提升是新时代团的工作需要

随着改革开放的深入，市场经济不断发展，当代青年主体意识觉醒，青年的世界观、人生观、价值观都发生了重大的变化，其中有一些人从理想主义者变为现实主义者，从集体主义者变为个人主义者，从奉献型价值观转向追求个人实惠、个人享受型价值观，这给共青团开展工作带来很大困难。共青团组织要想肩负起培养青年一代有爱心、有责任感、自觉服务他人意识的重要职责，首先需要建设一支素质和能力过硬的干部队伍。

（四）国企共青团干部素质与能力的提升是促进团干部自身健康成长的需要

新时代团的干部是在改革开放的时代大熔炉中冶炼出来的优秀人才，是广大团员、青年中的佼佼者。一般来说，他们有较高的科学文化知识，政治立场坚定。但是，我们也必须看到，在改革开放的时代大背景下，各种政治自由思潮不断兴起，各种思想相互激荡；经济越来越发达，经济形式越来越多样化；文化环境越来越宽松，越来越复杂，良莠不齐的现象越来越严重；社会上新的享受方式、生活方式不断对青年干部产生诱惑。因此，团组织必须要提高认识，采取切实有力的措施，抓好团干部的素质与能力提升，彻底改变当前部分团干部自身的不良状况，这也是关系共青团事业发展大局的一件大事。

二、国企共青团干部素质与能力提升的途径

国企团干部要想不断地提升自身的素质和能力，就必须刻苦学习，

攀登理论的制高点；勤奋工作，把握实践的着力点；明确责任，夯实工作的落脚点；提高悟性，搜寻工作的兴奋点；善讲政治，探索工作的切入点；谦虚谨慎，确定个人的起步点。团干部的素质和能力是内在主观因素和外部客观条件多种因素共同作用的产物，其素质和能力的提高就是充分发挥主观能动性，善于利用客观外界条件的结果。当前，国企团干部的素质和能力提升的途径可以归纳为以下七种。

（一）自我认识法

知人者智，自知者明，自胜者强。认识自我，才能在德才两方面力求上进，才能有自制自胜之力，才能克服各种诱惑和邪念，致力于德才的进修。认识自我的目的就是为了做到自律。自律是一个人能否成功的最重要的性格因素之一。纵观历史，许多成功之士，大都具有自律的恒心与毅力。在激烈的市场竞争中，真正靠得住的只有优势和实力，而克己修身正是个体扩大优势、提高实力的有效途径。有些团干部刚工作时，春风得意，少年得志，可后来却成绩平平，无所作为。一个重要原因就是没有很好地认识自我，在别人的赞扬声中迷失了自己，不注重内在的积累和自我提升，最终难以成就大事。

认识自我不仅要看到自己的长处，更要看到自己的短处，而且要勇于承认。那么团干部如何才能对自己形成正确的认识呢？首先，团干部要结交良友。团干部要与一些有远大志向、有才能、很智慧的人交朋友，并从中看到自己的不足，进而才能从严要求自己，向有才能者看齐。其次，团干部要坚持“吾日三省吾身”。新时代的团干部当有刀刃向内、直视错误的勇气，自觉将自省作为一种习惯，在每日的自我反思中清除思想灰尘和心灵污垢，以保持头脑清醒，避免产生错误的判断和选择。解决问题、实现自我革新是自省的最终目的，团干部发现了自身不足，绝不可久拖不决，当以时不我待的紧迫感补短板、强弱项，竭力让自己成为能挑重担、能干大事的多面手。

（二）学习提高法

认真读书学习，是共青团干部提高素质和能力的重要方法之一。书籍是知识的宝库，是前人智慧的结晶。基层团的工作需要方方面面的知识，不可能都从亲身实践中获得，因此必须借助于书本进行学习。共青团干部要使学习达到预期的目的，必须勤于读书、刻苦读书、善于读书。勤于读书是说要有足够的时间保证读书学习；刻苦读书，是说要有深钻细研的精神；善于读书是说要讲究学习方法，有目的、有计划地读书，以保证学习效果。当今社会，无论从获取信息的量还是从获取信息的速度来看，网络都给当代青年带来了无穷的裨益。但在上网流行的同时，许多问题也随之而来。很多人上网不是用来获取信息或进行正常的网络通信，而是花费很长的时间在网上玩游戏、聊天交友、刷短视频。团干部要引导团员青年有效地利用网络资源，正确地对待网上信息，并积极抵制网上的不健康信息。

（三）实践锻炼法

勇于参加社会实践，这是共青团干部培养和造就良好素质和能力的有效途径。实践是知识的源泉，是检验真理的唯一标准。共青团干部的良好素质与能力是在自觉的社会实践中孕育、萌生、锻炼和成熟起来的。社会实践是共青团干部施展才能、建功立业的舞台，同时也是检验其是否称职、合格的考场。共青团干部的想法、计划、决策以及策略、方法的产生，都离不开社会实践，都要经过实践的检验。社会实践是个大课堂、大熔炉，共青团干部只有积极主动地置身于其中锻炼，才有可能促进其领导思想、领导艺术、领导作风、领导方法等达到炉火纯青的地步。

（四）借助推动法

共青团干部素质与能力的提高，除了自身的努力之外，还要借助于外力的推动。其一，要借助于别人的成功经验，借鉴别人失败的教训，从而丰富自己、提高自己。这是一种少支出、多收入的好办法。其二，要借助于部属和青年群众的监督，这也是共青团干部提高素质与能力的方法。

（五）增强自身修养法

党的二十大报告强调，全党要把青年工作作为战略性工作来抓。党员领导干部在中国特色社会主义事业中发挥着重要作用，团的干部不断成长，是党和国家事业的接班人，必须加强自身修养。

1. 增强政治修养

共青团干部要高举团旗跟党走，坚定理想信念，经得起风浪考验，做到对党一生忠诚。广大团组织和团干部要自觉用党的创新理论武装头脑，要坚定不移用习近平新时代中国特色社会主义思想统一思想、统一意志、统一行动，深刻领会好这一思想的科学体系、核心要义、实践要求，全面把握好这一思想的世界观、方法论、落脚点，坚持学以铸魂、学以凝心、学以促行。

2. 增强学识修养

国企团的工作的开展需要扎实的理论功底和过硬的本领，这些都需要不断学习和积累。要学好理论、学好政策、学好团组织的业务知识，就要注意学习和掌握新知识、新技能、新本领，只有这样，才能更好地开展工作，搞好服务。

3. 增强为人修养

团干部对待事业要充满激情、淡泊名利，高调做事、低调做人。只有把事业看得重，把名利看得轻，时刻认识到自己肩负的责任和使命，用平常心去看待个人的进退流转，才能不辜负组织的培养，不辜负青年的期望。

（六）提高自身能力法

共青团干部提高自身能力的方法主要有以下两种。

1.提高开拓创新能力

共青团事业的发展需要开拓创新，创新是发展的不竭动力。面对新时代新要求，团干部要充满激情、勇于开拓、锐意进取、敢于创新。只有这样，才能使团的事业充满蓬勃的生机和活力，才能为经济社会又好又快发展建立新功。

2.提高整合资源能力

团组织内部资源有限，依靠其开展工作必然会心有余而力不足。只有延伸团支部的工作手臂，建立开放式工作格局，善于整合各种社会资源，形成工作合力，才能有效地服务大局、服务青年、服务社会。整合资源，必然要求团支部的工作必须朝着项目化、社会化方向发展。因此，必须选好项目，调动各种积极因素，使团的事业不断深化。

(七)培养作风法

作为党的接班人，广大团干部要以忠心为党、勤政为民的思想作风，求真务实、敢闯敢拼的工作作风，克己慎行、健康向上的生活作风，彰显良好的精神风貌，为社会主义事业发展而不懈奋斗。

1.保持公道正派的作风

公道正派是立身之本、成事之基。团干部要深刻认识到权力是人民给的，成长是组织培养的，必须用公心去对待工作、去团结同志，倡导风正人和，促进事业兴旺。

2.保持廉洁自律的作风

团干部相对年轻，成长的道路还比较长，因此更要坚持廉洁自律，树立自身良好的形象。团干部要注意从一言一行中去规范，从一点一滴中去积累，筑牢拒腐防变的坚固防线；过好权力关、金钱关、美色关；不搞庸俗人际关系，不沾染歪风邪气。只有这样才能扎牢根基、茁壮成长。

3.保持求真务实的作风

团干部要密切联系群众，经常深入基层搞好调查研究，善于解决问题，多为基层为青年办一些实事，多做一些为长远发展打基础的工作，多探索一些促进事业可持续发展的机制。新征程新任务，国企团干部要不断提高自身的素质和能力，努力将自己打造成为党放心、青年满意的新时代团干部，为企业广大团员青年当好表率。

第八章　新时代新征程共青团工作的创新发展

习近平总书记指出："过去、现在、将来青年工作都是党的工作中一项战略性工作。"[①]一百多年来，中国共产主义青年团在党的领导下，不忘初心、牢记使命，团结带领一代代青年为实现中华民族伟大复兴中国梦贡献了青春、建立了重要功勋。新时代新征程，党的中心工作和我国社会主要矛盾变化对团的建设提出了新的更高要求。因此，要多措并举推进新时代新征程共青团工作的创新发展。

① 习近平：《在庆祝中国共产主义青年团成立100周年大会上的讲话》（2022年5月10日），《人民日报》2022年5月11日。

第一节　共青团工作创新的理念

共青团工作理念，是指共青团在工作和建设的过程中所选择的发展道路以及工作时所采取的方式方法的基本思路。共青团工作理念是共青团组织创新发展的基础，直接决定了共青团未来的发展方向问题，决定了共青团职能的发挥和工作的实效性。新时代新征程，树立正确的共青团工作理念，是共青团改革的前提，更是共青团工作创新的需要。

一、以青年为本是共青团工作创新的原则

以青年为本是共青团开展任何活动的基本原则，是共青团工作创新的第一理念。共青团存在两个方面的基本组织环境与组织关系，一是党所构成的组织环境，另一种是青年群体所构成的组织环境。处理好这两种关系是共青团工作创新的关键所在。共青团是由中国共产党缔造的，共青团的基本职能决定了共青团必须跟着共产党走。但是在第二组织环境的层面，青年是否跟共青团走就不存在必然性。这说明，共青团工作的创新理念必然是要倾向于青年层面，争取青年、赢得青年是共青团存在的根基。因此，以青年为本是共青团工作创新的基本原则。

以青年为本主要包含以下两层含义。

其一，共青团工作创新要以青年的根本利益与现实需要为出发点。从本源上来说，青年群体是共青团存在的根基，共青团要坚持以服务青年、教育青年为主旨，从青年的根本现实需求出发来对共青团各项工作开展创造性革新，帮助青年全面自由发展，充分实现青年对美好生活的现实需要与向往，让青年共享社会主义现代化建设所带来的发展成果。

从现实来看，青年人在就业、收入、住房等民生问题上面临多重困难，加之社会资源不充分，使得青年存在发展的困境。在这种情况下，关注青年群体的生存与发展问题，提升青年群体的获得感、收获感，应该成为共青团工作创新的重要内容。特别是低学历青年、第二代农民工、农村青年等特殊群体，需要组织给予关心。共青团通过正面激发这些特殊群体的发展动力，促使他们树立正确的人生观与价值观，让他们有力量通过自身努力改变自己的生活，并获得全面发展。

其二，共青团在工作创新的过程中要激发青年的创造力，必须充分听取青年建议。共青团作为最具有先进性的青年组织，最能了解青年的思想动态与现实需求，是青年群体的良师益友。为此，共青团工作创新一定要让青年成为自己事业的主人翁，让青年群体在自己的发展领域中当主角而非观众，当主体而非客体。共青团要做的只是凝聚青年的创新力量，为青年群体提供一个发展创造的平台，在工作方式与工作内容推陈出新的同时必须体现出青年的创新主动性。只有真正地尊重青年的需求，支持青年的决策，共青团工作才具有活力，才具有生命力，才能够扭转青年被动参与的局面，才能够激发青年群体的参与积极性，青年工作也才能常做常新，永葆青春活力。

总之，共青团工作创新要坚持以青年为本的理念，对青年开展思想政治教育，动员青年参与社会经济建设，为青年提供实实在在的服务。一方面，共青团是一个思想政治教育机构，但是和教育机构不同的是，共青团不能一味地说教，必须以青年为本，结合青年的成长方式和心理特征，开展有声有色的思想政治教育活动，引导青年树立正确的政治观与政治立场，这既是共青团工作的特色，也是共青团创新发展的要求。在实施途径上可以采用网络语言，说青年话、读青年心，这样才能入青年脑、走青年心，思想政治教育工作才能获得真正的创新。另一方面，共青团要以青年为本，动员青年在经济社会建设中发挥重大作用。共青团除了开展思想政治工作外，还要进行青年动员活动。当前，青年需求多元，共青团需要坚持以青年为本的理念，平衡青年的个人目标与集体目标，将各个方面的青年汇聚起来，为推进中国式现代化、实现中华民族伟大复兴而共同奋斗。

二、增强技术性是共青团工作创新的核心

共青团需要遵循科学规律，在动员组织与服务青年方面讲科学。事实上，青年工作是需要各种专业性知识的工作，需要科学的组织技能与管理能力。随着青年群体的发展变化，青年工作呈现出一定的复杂性，这就使得共青团工作创新要注重技术上的创新。

工作精准性是共青团工作技术性提升的重要体现，是共青团工作创新的重要内容。一方面，共青团工作内容的精准需要提纲挈领、纲举目张。共青团有自身的职能，有自身的角色，无论是应对多方面的挑战，还是实现组织目标，都需要共青团干部的思维向精准化方向转变，工作内容在精准力上下功夫，这个功夫就是要结合党的工作要求、结合青年现实需求来设计工作内容和活动项目，每个项目要充分体现共青团组织目标，将党的要求与青年的需求有机融合，要防止大而化之、笼而统之。要聚焦共青团的主责主业，不能置自身业务于不顾。要充分思考项目的实施内容是否在精准发力上下了功夫。另一方面，共青团工作方式的精准需要体现群团组织的工作特点，采用群众工作的方式方法。要深入青年的队伍中，有针对性地服务青年、教育青年。

我们应该看到，诸如发通知、下文件、开大会等这样的工作方法并非完全适用于青年，因为青年的最大特点就是实践性，所以要求共青团干部开展实践活动，激发青年的创造力。另外还要利用青年自我教育、自我发展的优势，创新工作方式方法，彻底打破以往共青团的“行政化”工作方式局限，让青年从工作对象转变为工作力量。只有这样，共

青团的工作方式方法才能真正为共青团的工作内容服务，从而有效提高共青团工作的精准度，增强共青团工作的技术水准。

可以说，共青团工作是一个多技术的汇集，涉及到青年群体的成长规律的科学把握、组织学上的管理与培育，具有很强的综合性。首先，要善于运用新媒体来创新共青团工作载体。当前的青年是随着网络世界成长的一代，共青团要善于利用网络，适时更新网络载体，例如要善于运用手机媒介与平台、大数据、云计算等。其次，要解决基层共青团工作中面临的问题。基层共青团组织是资源使用与工作落实的连接点，资源的收集与运用决定了基层共青团工作的实效。所以，资源的筹集一定要创新。在市场经济的条件下，资源的分布与配置已经发生很大的变化，这就要求共青团掌握汇集资源的科学路径，例如运用社会化、组织化的方式方法来吸收社会的丰富资源。最后，要提高青年思想工作的技术水平。思想的引领是共青团工作的根本，思想引领是一门艺术更是一种技术，需要具有真挚情感和丰富经验的人来从事这项工作。面对不同类型的群体，共青团思想政治教育工作路径、方式方法要具有针对性与实效性，这是共青团增强工作技术精准的最为核心的内容。

三、完善制度是共青团工作创新的突破口

当前共青团所出现的“四化”问题（即机关化、行政化、贵族化、娱乐化）与制度上存在的短板息息相关，所以进一步完善共青团的各项工作制度，是共青团工作创新的重中之重。首先，通过建立面对面的联系，以谈心的方式来完善联系青年的制度。密切联系广大青年是共青团的根本职能。联系青年制度落实的过程，实质是深入基层开展调查研究的过程。在这个过程中，共青团干部要消除组织化的方式，摒弃自上而下的工作态度，以朋友的姿态来与青年群体交心交友，将全身心的感情投入到青年群体中，获取青年学习、生活、就业的情况与困境，整理问

题，找出对策。

其次，运用相关政策促进制度的不断完善。在共青团改革的背景下，要进一步落实《中国共产党章程》《中共中央关于加强和改进党的群团工作的意见》《共青团中央改革方案》等政策精神，因为党对团的工作的绝对领导体现在对这些政策的落实情况。各级党组织要及时研究解决共青团在落实制度过程中遇到的问题，及时推出相关政策助推团组织制度创新与工作创新。当然，党组织对共青团的领导方式方法不是一成不变，要具有一定的灵活性，给团组织创新的空间。党组织主要是进行检查和总结等相关工作，确保共青团青年工作的方向性与实效性。

最后，制度创新需要具有法治思维，以法治的方式开展共青团工作。当前青年在就业、教育等问题上有保障权利的诉求，但是缺少公共政策制定的话语权，这就要求共青团一方面要推动青年权益保障法律的落实，另一方面要参与青年相关法律法规、政策的制定，从根本上保护青年生存发展的各方面权益。例如，党中央与国务院已经发布了《中长期青年发展规划（2016—2025）》，对于青年发展权益来说，这个文件以政策的形式规定了各个部门对青年法律权益保障责任与要求，成为青年工作的国家政策依据。这个文件的实施关键是如何协调各个部门开展规划实施，这需要制度的创新，从而汇聚与协同多个部门形成合力，提高青年工作的法律效能。

总之，共青团工作创新需要以青年为本，在技术上下功夫，同时以制度创新为切入。这三个方面各自有其内涵规定以及表现形式，彼此之间又相互联系，构成了共青团创新理念的有机整体。在这个理念指导下的共青团创新实践，必然遵循着党的根本要求，遵循着青年群体的发展规律，这既是贯彻党中央关于共青团改革各项要求的实践理念，也是推进新时代共青团工作创新发展的有效思路。

第二节　强国建设、民族复兴视域下的共青团思想引领工作创新

习近平总书记在党的二十大报告中指出："全党要把青年工作作为战略性工作来抓，用党的科学理论武装青年，用党的初心使命感召青年，做青年朋友的知心人、青年工作的热心人、青年群众的引路人。"并寄语广大青年"立志做有理想、敢担当、能吃苦、肯奋斗的新时代好青年"。新时代加强党对青年群体的领导，必须以习近平新时代中国特色社会主义思想和党的二十大以来的重要会议精神为指导，开展青年思想政治引领工作，牢牢把握青年工作的战略定位，着力培育新时代好青年，积极拓展党对青年思想政治引领的空间，凝聚起实现强国建设、民族复兴的青春力量。

一、青年思想政治引领关乎党和国家未来与希望

青年强，则国家强。青年发展离不开精神力量的支撑，青年成长成才需要习近平新时代中国特色社会主义思想和党的二十大以来的重要会议精神为引领。党的二十大报告擘画了以中国式现代化全面推进中华民族伟大复兴的宏伟蓝图，是新时代全面建设社会主义现代化国家的理论指南和行动纲领，我们要用习近平新时代中国特色社会主义思想和党的二十大以来的重要会议精神对青年进行思想政治引领，破解青年发展困境，满足青年精神需求，帮助青年筑牢信仰之基、补足精神之钙、把稳思想之舵。

二、新时代“教育三问”是开展青年思想政治引领的根本问题

中国特色社会主义进入新时代以来，为汇聚推动时代前行的青春力量，党提出新时代“教育三问”以指明青年思想政治引领的方向。2016年12月，在全国高校思想政治工作会议上，习近平总书记明确提出培养什么样的人、如何培养人以及为谁培养人的根本问题，被人们称之为新时代“教育三问”。2022年4月25日，习近平总书记在中国人民大学考察调研时再次强调“为谁培养人、培养什么人、怎样培养人”始终是教育的根本问题。以新时代“教育三问”为依托，党对青年的思想政治引领有了更为具体的价值指向，开创了新时代党对青年思想政治引领的新局面。

新时代开展青年思想政治引领要把“教育三问”作为根本问题，从党和国家事业发展全局的高度，坚守“为党育人、为国育才”，坚定培养社会主义建设者和接班人的目标不动摇，着眼于培养新时代好青年，使青年心怀“强国有我”的使命担当，努力拼搏、奋勇争先，全力战胜前进路上的各种困难和挑战，为新时代发展进步注入强大青春活力。

三、新时代共青团思想政治引领工作创新的重要举措

创新共青团思想政治引领工作的关键，在于结合青年的思想特点和行为习惯。要采用多元化的宣讲形式，运用走进基层、走到身边的策略，确保党的创新理论深入青年心中。具体可以从以下几个方面开展。

一是结合青年思想特点和行为习惯，设计内涵丰富、形式新颖、互动性强的教育内容，以提升针对性和实效性。例如，通过传统与现代手段的结合，强化全媒体传播和互动化宣讲，使理论传播更加鲜活、生动。

二是创新宣讲形式，积极探索“理论宣讲＋”模式，将红色故事、典型事迹、文艺表演与理论融合贯通，让理论宣传有“形”更有“效”。

三是走进基层、走到身边，挖掘不同领域的宣讲力量，组建青年宣讲队伍，坚持分众化模式，确保党的创新理论送到田间地头、工厂车间、青年身边。

四是利用全媒体平台进行线上宣讲，通过“青年大学习”“青马工程”等网上主题团课，组织团员青年学习党的二十大以来的重要会议精神、党史团史知识、团务知识，开展青春先行志愿服务活动。

第三节 新媒体视域下的共青团工作方式创新

习近平总书记在中央党的群团工作会议上指出：“群众流动频繁、分布不断变化，群团组织设置必须及时调整。要巩固已有的组织基础，加快新领域新阶层组织建设，形成完善的组织体系，实现有效覆盖。工会、共青团、妇联要探索以多种方式构建纵横交织的网络化组织体系，做到哪里有群众、哪里就要有自己的组织，怎么有利于做好工作、就怎么建组织。”[①]中共中央办公厅、国务院办公厅《关于进一步加强和改进新形势下高校宣传思想工作的意见》明确要求，充分利用新型传播手段创新高校网络思想政治教育工作，掌握网络舆论主动权。可以说，21世纪是信息网络的时代，信息网络技术的发展、应用和普及极大改变了人们的生活方式和生产方式，人们的日常生活无不渗透着“数字化”的元素和信息技术的影子。生活因技术而发生改变，世界因网络而更加精彩。在数字化的时代背景下，共青团工作的外部环境也在发生着深刻的

---

① 《习近平谈群团工作：坚持为党分忧、为民谋利》，人民网—中国共产党新闻网2017年11月27日。

变革，共青团只有积极主动适应这种变革，只有依托互联网、用好新媒体，才能占领网络空间中团工作的制高点。

一、共青团网络工作的新环境

哪里有青年，团的组织就要覆盖在哪里；哪里有青年，团的活动就要影响到哪里。如今，网络新媒体技术的广泛应用和普及极大地改变了共青团组织的存在空间，共青团的活动范围也由现实社会延展到虚拟社会，由现实的个体延展到虚拟的个体。随着青年和青年组织在网络空间越来越活跃的发展态势，做好网络新媒体环境下的共青团工作显得更为重要。

第一，共青团建设进入数字化信息时代。在现代信息网络技术的影响下，共青团建设的技术手段发生根本性变革，共青团建设迈入数字化信息时代。青年们喜爱的、易于接受的新媒体和文艺形式越来越多样化。在新媒体场域下，共青团团讯不单要求彰显主流价值导向，更要覆盖广泛，最重要的是要精益求精、注重效果。这是网络新媒体场域下共青团把握新媒体时代脉搏、努力实现团的青年工作目标的关键。

第二，网络信息多元化增加了共青团网络青年工作的难度。网络是信息的集合体，网络一方面为青年拓宽了信息选择的渠道，同时也为不良信息、有害信息的传播提供了可乘之机。移动互联网技术的快速扩张，呈现出“人人、处处、时时上网”的生活状态，这既为传播主流思想舆论提供了形式多样的载体和平台，也使互联网成为思想舆论斗争的主阵地、主战场。网络媒体已对青年的思想观念、生活方式、表达方式等带来全面影响。由于青年对信息真伪性的判断能力还不成熟，对有害信息的鉴别能力还不强，这在一定程度上增加了共青团网络青年工作的难度。

第三，网络新媒体改变了共青团的组织生态。新媒体的及时性、交互性、扁平化等特征对共青团科层体制、属地管理、工作模式等带来了挑战，传统的逐级单向链条式联系组织模式与新媒体时代的网络模式存在天壤之别，之前的分层联系方式转变为多方交互网络联系。从共青团的层级顶端到原子化的青年个体，在新媒体时代都被拉平了。他们进行跨区域、跨层级的联系，既在纵向上为团员青年提供了直达路径，也在横向上为地方团组织跨域合作提供了便利。例如网络新媒体技术的介入，共青团与青年、青年学生组织的物理距离大大缩小，高校共青团与上级团组织的物理距离也明显缩小，青年学生可以直接与高校团组织甚至团省委、团中央产生关联、表达意愿、提出建议，高校共青团组织的内部生态和外部生态也由此发生改变。

二、共青团构建新媒体话语体系的新理念

当前社会化媒体蓬勃发展，特别是以微博、微信为代表的社交软件已经积累了大量的用户。其中，微信公众号具有即时通讯以及闭合性的特点，成为了政府机关、社会组织以及市场企业进行信息传播的首选，当然也成为共青团联系青年群众、扩大影响力、提高在青年群众中的话语权的一条崭新路径与渠道。事实上，传播有效性是微信公众平台的重要优势，原因在于，一方面微信通过建立熟人关系网获取了更加真实的受众群，能够实现“点对点”的传播路径；另一方面，微信公众号涵盖了问题、图片、声音、小视频等丰富的传播形式。可以说，共青团在开展工作的过程中，运用微信公众平台可以快速地拉近团组织与青年的距离，扩展青年与团组织的互动方式，从而提高共青团的话语权。那么，如何利用微信公众号这种渠道来构建共青团体系，达到影响与引导青年行为的目的呢？团组织主要应从以下几个方面下功夫。

一是运用视觉形象释放共青团公众号的青春气息。视觉形象会给公众号的浏览者以强烈的冲击力和感染力。形象是通过艺术概括所创造出

来的具有一定思想内容和艺术感染力的生动具体的图画，是感性与理性的统一、内容与形式的统一、思想与情感的统一、一般与个别的统一。一方面，要善于以艺术形象的方式表达共青团组织的“人格特性”，比如用卡通形象表现共青团组织，用 LOGO 或特殊符号表现共青团公众号等；另一方面，要善于运用图表形式阐释或解读较为严肃的政治性、理论性话语内容，例如“一张图读懂团代会”“一张图读懂二十大”等。简言之，公众号在网页图像设计、文字设计、色彩设计等方面要充分考虑青年思想独立、求新求变的特点，达到既适合青年的审美情趣，又能吸引和凝聚青年的效果。

二是搭建网络空间思想对话的互动平台。马克思指出：“语言和意识具有同样长久的历史；语言是一种实践的、既为别人存在因而也为我自身而存在的、现实的意识。语言也和意识一样，只是由于需要，由于和他人交往的迫切需要才产生的。”[①]文字和语言一样，都是个体意识的最直观体现。个体思想交往和情感对话的需要启示我们，在共青团网站设计上要大胆开辟青年思想对话的平台和渠道，鼓励引导青年在微信公众号空间开展思想讨论、培育青年意见领袖；同时，鼓励思想政治工作者、思想政治理论课教师、共青团干部实名参与网络讨论，正本清源、大胆亮剑、理性解读，在互动交流和彼此对话中增进共识和理解。

三是用生活化、青年化的语言讲述青春故事。当前，共青团话语体系应将政治性、严肃性的语言风格与生活化、大众化、青年化的语言风格相结合，立足青年的语言逻辑和情感需求，说青年人能听懂的话，讲青年人能知会的道理。因此，就要求共青团要持续改进“网络文风”，在语言表达中渗透青春的气息、时代的气息，将语言风格建立在生动开放的生活世界和丰富多彩的情感世界上，紧密联系青年实际，在主体语

① 《马克思恩格斯选集》第一卷，人民出版社 2012 年版，第 161 页。

言互通、理解中，为在共青团网络中顺利有效开展青年工作提供先决条件。

三、共青团利用新媒体开展工作的创新方式

新媒体的不断发展为共青团工作带来了许多的机遇和挑战。共青团需要不断创新工作方式，积极利用新媒体平台，与时俱进地提升自身的影响力和服务能力，更好地为青年群体服务。

一是在线宣传和宣传推广。共青团要利用微博、微信公众号、微信视频号等新媒体平台开展宣传工作，及时发布组织动态、活动信息，吸引年轻人关注和参与。要利用新媒体传播优秀青年典型事迹，提升共青团的形象和吸引力。

二是创新活动形式和方式。共青团要利用网络直播、短视频等新媒体形式丰富活动内容和方式，使活动更具吸引力和互动性。并通过线上线下相结合的方式，扩大活动影响力和参与度。

三是强化互动交流和服务功能。共青团要利用新媒体平台搭建志愿者招募、服务指南、在线咨询等功能，提供更便捷的服务渠道，以便吸引更多的年轻人积极参与社会实践和志愿活动。

四是整合资源和联动合作。共青团要积极利用新媒体平台整合内外部资源，与政府、企业、社会组织等建立合作伙伴关系，共同推动青年发展和服务事业。同时，共青团还应加强与其他青年组织和团体的联动合作，形成合力，共同推动共青团工作的创新和发展。

附　录

中国共产主义青年团章程

（中国共产主义青年团第十九次全国代表大会
部分修改，2023 年 6 月 22 日通过）

目　录

总　则

中国共产主义青年团是中国共产党领导的先进青年的群团组织，是广大青年在实践中学习中国特色社会主义和共产主义的学校，是中国共产党的助手和后备军。

中国共产党领导是中国特色社会主义最本质的特征，是中国特色社会主义制度的最大优势，党是最高政治领导力量。中国共产主义青年团坚决拥护中国共产党的纲领，以马克思列宁主义、毛泽东思想、邓小平理论、“三个代表”重要思想、科学发展观、习近平新时代中国特色社会主义思想为行动指南。

中国共产主义青年团坚决贯彻党的基本理论、基本路线、基本方略，解放思想，实事求是，与时俱进，求真务实，团结全国各族青年坚定不移跟党走，为把我国建设成为富强民主文明和谐美丽的社会主义现代化强国，为最终实现共产主义而奋斗。

中国共产主义青年团在中国共产党领导下发展壮大，始终站在革命斗争的前列，有着光荣的历史。在建立新中国，确立和巩固社会主义制度，发展社会主义的经济、政治、文化的进程中发挥了生力军和突击队作用，为党培养、输送了大批新生力量和工作骨干。党的十一届三中全会以来，共青团根据党的工作重心的转移，紧密围绕改革开放和经济建设开展工作，为推进社会主义现代化建设事业作出了重要贡献，促进了青年一代的健康成长。中国特色社会主义进入新时代，共青团紧扣时代主题，增强引领力、组织力、服务力，锐意改革创新，坚持从严治团，团结带领广大青年在党的领导下奋力投身伟大斗争、伟大工程、伟大事业、伟大梦想的生动实践。

中国共产主义青年团自成立以来，始终牢记、忠实践行坚定不移跟党走、为党和人民奋斗的初心使命，组织引导一代又一代青年为争取民族独立、人民解放和实现国家富强、人民幸福而贡献力量。百年征程，塑造了共青团坚持党的领导的立身之本、坚守理想信念的政治之魂、投身民族复兴的奋进之力、扎根广大青年的活力之源，这些宝贵经验是共青团面向未来、再立新功的重要遵循，必须倍加珍惜、长期坚持，并在实践中不断丰富和发展。

中国共产主义青年团在新时代的基本任务是：高举中国特色社会主

义伟大旗帜，深刻领悟“两个确立”的决定性意义，全面贯彻习近平新时代中国特色社会主义思想，坚定不移地贯彻党在社会主义初级阶段的基本路线，以经济建设为中心，坚持四项基本原则，坚持改革开放，切实保持和增强政治性、先进性、群众性，把培养社会主义建设者和接班人作为根本任务，把巩固和扩大党执政的青年群众基础作为政治责任，把围绕中心、服务大局作为工作主线，认真履行引领凝聚青年、组织动员青年、联系服务青年的职责，用社会主义核心价值体系教育青年，在建设中国特色社会主义的伟大实践中，造就有理想、有道德、有文化、有纪律的青年，努力为党输送新鲜血液，为国家培养青年建设人才，团结带领广大青年，自力更生，艰苦创业，积极推动社会主义经济建设、政治建设、文化建设、社会建设、生态文明建设，踊跃投身全面建设社会主义现代化国家、全面深化改革、全面依法治国、全面从严治党实践，为全面建成社会主义现代化强国、实现第二个百年奋斗目标，以中国式现代化全面推进中华民族伟大复兴贡献智慧和力量。

中国共产主义青年团加强思想政治工作，把思想政治工作贯穿所开展的全部工作。组织青年学习马克思列宁主义、毛泽东思想、邓小平理论、“三个代表”重要思想、科学发展观、习近平新时代中国特色社会主义思想，弘扬以伟大建党精神为源头的中国共产党人精神谱系，广泛开展党的基本路线教育，爱国主义、集体主义和社会主义思想教育，社会主义核心价值观教育，中华优秀传统文化、革命文化、社会主义先进文化教育，党史、新中国史、改革开放史、社会主义发展史教育和国情教育，民主和法治教育，国家安全教育，增强青年的民族自尊、自信和自强精神，树立正确的理想、信念和世界观、人生观、价值观，进一步增强对中国特色社会主义的道路自信、理论自信、制度自信、文化自信，发扬斗争精神，增强斗争本领，努力使青年成为担当民族复兴大任的时代新人，成为德智体美劳全面发展的社会主义建设者和接班人。对团员必须进行中国特色社会主义共同理想和共产主义远大理想教育。努力帮助青年学习现代科学文化知识，吸收和借鉴人类社会创造的一切文明成果，抵御资本主义和封建主义腐朽思想的侵蚀，不断提高青年的思想道德素质和科学文化素质。

中国共产主义青年团带领青年在经济社会发展中发挥生力军和突击队作用。紧扣我国社会主要矛盾已经转化为人民日益增长的美好生活需要和不平衡不充分的发展之间的矛盾，组织青年参加改革开放和社会主义现代化建设的实践，贯彻创新、协调、绿色、开放、共享的新发展理念，助力加快构建新发展格局，推动高质量发展，促进科教兴国战略、人才强国战略、创新驱动发展战略、乡村振兴战略、区域协调发展战略、可持续发展战略、军民融合发展战略的实施，树立科学技术是第一生产力的观念，树立人才是第一资源的观念，树立创新是引领发展第一动力的观念，掌握和运用先进的科学技术，学习和适应现代管理方式，诚实劳动，勇于创新，为发展社会生产力，增强综合国力，逐步实现全体人民共同富裕，实现我国经济社会发展的战略目标建功立业。

中国共产主义青年团贯彻党管青年原则，充分发挥党联系青年的桥梁和纽带作用，积极参与发展全过程人民民主，为党做好青年群众工作。积极协助党和政府管理青年事务，协调督促青年发展规划落实，主动承担适合承担的公共职能，服务国家治理体系和治理能力现代化。在维护国家和人民利益的同时代表和维护青年的具体利益，围绕党的中心任务，开展适合青年特点的独立活动，关心青年的工作、学习和生活，切实为青年服务，向党和政府反映青年的意见和要求，开展社会监督，同各种危害青少年的现象作斗争，保护和促进青少年的健康成长。

中国共产主义青年团高举爱国主义旗帜，不断巩固和扩大青年爱国统一战线，坚决维护和发展全国各族青年之间的平等团结互助和谐，铸牢中华民族共同体意识；加强同香港特别行政区青年同胞、澳门特别行政区青年同胞、台湾青年同胞和海外青年侨胞的团结，全面准确、坚定不移贯彻“一国两制”的方针，共同促进香港、澳门长期繁荣稳定，坚决反对和遏制“台独”，共同促进祖国统一大业的完成。

中国共产主义青年团在维护我国的独立和主权，坚持和平友好、独立自主、相互学习、平等合作、共同发展的基础上，弘扬和平、发展、公平、正义、民主、自由的全人类共同价值，坚持正确义利观，积极发展同世界各国青年组织的交往和友好关系，积极参与推进共建“一带一路”，反对霸权主义和强权政治，维护世界和平，促进人类进步，推动构建人类命运共同体。

中国共产主义青年团要完成新时代的基本任务，必须毫不动摇坚持中国特色社会主义群团发展道路，把握政治性这一灵魂，聚焦先进性这一重要着力点，立足群众性这一根本特点，深化团的改革，全面从严治团，不断提高团的建设科学化水平。要发扬优良传统和作风，生动活泼、富于创造性地开展工作，把共青团建设成为团结教育青年的坚强核心，始终成为引领中国青年思想进步的政治学校、组织中国青年永久奋斗的先锋力量、党联系青年最为牢固的桥梁纽带、紧跟党走在时代前列的先进组织。团的建设必须贯彻以下基本要求：

（一）坚持党的领导。全团要坚持党的基本路线不动摇，用邓小平理论、“三个代表”重要思想、科学发展观、习近平新时代中国特色社会主义思想和党的基本路线统一思想和行动，团的各项工作都必须服从和服务于经济建设这个中心，必须把坚持改革开放和坚持四项基本原则统一起来，使党的基本路线在团的工作中得到全面贯彻。要牢固树立政治意识、大局意识、核心意识、看齐意识，坚决维护习近平总书记党中央的核心、全党的核心地位，坚决维护以习近平同志为核心的党中央权威和集中统一领导，不断提高政治判断力、政治领悟力、政治执行力，坚决贯彻党的意志和主张，严守政治纪律和政治规矩。要坚持党建带团建，把党的要求贯彻落实到团的建设之中，使团的建设纳入党的建设总体规划，同部署同检查同总结。

（二）坚持把帮助青年确立正确的理想、坚定的信念作为首要任务。必须站在理想信念这个制高点上，牢牢把握为实现中华民族伟大复兴中国梦而奋斗的时代主题，激发广大青年的历史责任感和奋斗精神，增强做中国人的志气、骨气、底气，组织动员广大青年走在时代前列，引导广大青年立志做有理想、敢担当、能吃苦、肯奋斗的新时代好青年。要按照党、团、队育人链条相衔接、相贯通的要求，围绕保持和增强团员先进性这一时代课题，切实增强团员的光荣感，发挥团员的模范作用。

（三）坚持服务青年的工作生命线。以青年为中心，从青年需要出发，强化服务意识，提升服务能力，挖掘服务资源，千方百计为青年排忧解难，更多关心帮助困难青少年，维护青少年合法权益，使团组织成为广大青年遇到困难时想得起、找得到、靠得住的力量。

（四）坚持民主集中制。民主集中制是共青团根本的组织原则。要充分发扬民主，尊重团员主体地位，切实保障团员的民主权利。要实行正确的集中，加强组织性和纪律性，保证团的决议得到有效的贯彻执行。

（五）坚持改革创新。落实党对共青团改革的要求，勇于自我革命，推动改革向纵深发展，推进组织和工作创新，不断提高团的吸引力和凝聚力，不断扩大团的工作有效覆盖面。基层组织是团的一切工作的基础。团的领导机关要确立基层第一的观念，发扬务实、求实的作风，深入基层，服务基层，坚持不懈地抓好基层建设，不断增强基层活力。

（六）坚持从严治团。要把严的标准、严的措施贯穿于从严治团全过程和各方面。坚持依规治团，建立健全团内规章制度体系。首先从团干部严起，重点加强对团的领导机关和领导干部的管理和监督，坚决反对机关化、行政化、贵族化、娱乐化倾向。按照增强政治性、时代性、原则性、战斗性的要求，加强和规范团内政治生活，发展积极健康的团内政治文化，营造风清气正的良好政治生态。

中国共产主义青年团中央委员会受中国共产党中央委员会领导，团的地方组织和基层组织受同级党的委员会领导，同时受团的上级组织领导。团的领导机关领导班子按照有关规定履行全面从严治党主体责任。

中国共产主义青年团受中国共产党的委托领导中国少年先锋队的工作。中国共产主义青年团是中华全国青年联合会的核心团体会员，发挥主导作用。中国共产主义青年团在中国共产党的领导下，指导中华全国学生联合会开展工作。

第一章　团　员

第一条　年龄在十四周岁以上，二十八周岁以下的中国青年，承认团的章程，愿意参加团的一个组织并在其中积极工作、执行团的决议和按期交纳团费的，可以申请加入中国共产主义青年团。

团员年满二十八周岁，没有担任团内职务，应该办理离团手续。

团员加入共产党以后仍保留团籍，年满二十八周岁，没有在团内担任职务，不再保留团籍。

第二条　团员必须履行下列义务：

（一）努力学习马克思列宁主义、毛泽东思想、邓小平理论、“三个代表”重要思想、科学发展观、习近平新时代中国特色社会主义思想，学习党的历史，学习团的基本知识，学习科学、文化、法律和业务知识，不断提高为人民服务的本领。

（二）增强“四个意识”、坚定“四个自信”、做到“两个维护”，宣传、执行党的基本路线和各项方针政策，积极参加改革开放和社会主义现代化建设，努力完成团组织交给的任务，在学习、劳动、工作及其他社会活动中起模范作用。

（三）自觉遵守国家的法律法规和团的纪律，执行团的决议，发扬社会主义新风尚，积极参加志愿服务，实践社会主义核心价值观和社会主义荣辱观，提倡共产主义道德，弘扬中华民族传统美德，维护国家和人民的利益，为保护国家财产和人民群众的安全挺身而出，英勇斗争。

（四）接受国防教育，增强国防意识，积极履行保卫祖国的义务。

（五）虚心向人民群众学习，热心帮助青年进步，及时反映青年的意见和要求。

（六）开展批评和自我批评，勇于揭露和纠正错误言行，勇于改正缺点和错误，自觉维护团结。

第三条　团员享有下列权利：

（一）参加团的有关会议和团组织开展的各类活动，接受团组织的教育和培训。

（二）在团内有选举权、被选举权和表决权。

（三）在团的会议和团的媒体上，参加关于团的工作和青年关心的问题的讨论，对团的工作提出建议，监督、批评团的领导机关和团的工作人员。

（四）对团的决议如有不同意见，在坚决执行的前提下，可以保留，并且可以向团的上级组织提出。

（五）参加团组织讨论对自己处分的会议，并且可以申辩，其他团员可以为其作证和辩护。

（六）向团的任何一级组织直至中央委员会提出请求、申诉和控告，并要求有关组织给以负责的答复。

团的任何一级组织或个人都无权剥夺团员的权利。

第四条　发展团员，必须把政治标准放在首位，严格履行下列手续：

（一）申请入团的青年应有两名团员作介绍人。

（二）介绍人应负责地向被介绍人说明团章，向团的组织说明被介绍人的思想、表现和经历。

（三）要求入团的青年要向支部委员会提出申请，填写入团志愿书，经支部大会讨论通过和上级委员会批准，才能成为团员。被批准入团的青年从支部大会通过之日起取得团籍。

第五条　新团员必须参加入团仪式，在团旗下进行入团宣誓。誓词如下：我志愿加入中国共产主义青年团，坚决拥护中国共产党的领导，遵守团的章程，执行团的决议，履行团员义务，严守团的纪律，勤奋学习，积极工作，吃苦在前，享受在后，为共产主义事业而奋斗。

第六条　团员由一个基层组织转移到另一个基层组织，必须及时办理组织关系转接手续。

第七条　对于模范履行团员义务、在社会主义现代化建设和保卫祖国的事业中有显著成绩的团员，团的组织应当给以奖励。

奖励分为：通报表扬，由团的中央、省、市、县级委员会和基层团委授予优秀共青团员称号。

第八条　团员有退团的自由。团员要求退团应向支部委员会递交书面报告，由支部大会决定除名，并报上级委员会备案。

团员没有正当理由，连续六个月不交纳团费、不过团的组织生活，或连续六个月不做团组织分配的工作，均被认为是自行脱团。团员自行脱团，应由支部大会决定除名，并报上级委员会批准。

第九条　团的组织和团员应按规定管理和使用团员证。

第二章　团的组织制度

第十条　中国共产主义青年团是按照民主集中制组织起来的统一整体。团的民主集中制的基本原则是：

（一）团员个人服从组织，少数服从多数，下级组织服从上级组织。

（二）团的全国领导机关，是团的全国代表大会和它产生的中央委员会。地方各级团的领导机关，是同级团的代表大会和它产生的团的委员会，团的各级委员会向同级代表大会负责并报告工作。

（三）团的各级领导机关，除它们派出的代表机关外，都由选举产生。

（四）团的各级领导机关应当经常听取并认真处理下级组织和团员的意见；团的下级组织既要向上级组织请示、报告工作，又要独立负责地解决自己职责范围内的问题。团的各级组织要使团员对团内事务有更多的了解和参与。

（五）团的各级委员会实行集体领导和个人分工负责相结合的制度。

第十一条　团的各级委员会可以根据工作需要，设立适当的工作部门。团的县级以上各级委员会可以派出代表机关。

在团的各级代表大会闭会期间，同级党的组织和上级团的组织认为有必要时，经过共同研究，取得一致意见，可以调动或指派团组织的负责人。

第十二条　团的各级代表大会的代表和委员会的产生，要体现选举人的意志。选举采用无记名投票的方式。候选人的产生要广泛发扬民主，候选人名单要充分酝酿讨论。可以直接采用候选人数多于应选人数的差额选举办法进行选举，也可以采用差额选举办法进行预选，产生候选人名单，然后进行等额正式选举。选举人有了解候选人情况、要求改变候选人、不选任何一个候选人和另选他人的权利。任何组织和个人不得以任何方式强迫选举人选举或不选举某个人。

团的中央和地方各级委员会委员、候补委员中的专职团干部调离团的岗位，其委员或候补委员的职务自行卸免。委员中团的中央和地方组织领导干部出缺，应当按照有关规定替补；其他委员出缺，由候补委员按得票多少依次递补。卸免、替补和递补须经全会确认。

第十三条 团的县级和县级以上委员会在必要时可以召集代表会议，讨论和决定需要由代表大会解决的重大问题。代表会议可以调整和增选委员会的部分成员。调整和增选委员会委员和候补委员的数额，不得超过该级代表大会选出的委员和候补委员总数的三分之一。代表会议代表的名额和产生办法，由召集代表会议的委员会决定。

第十四条 有关全团性的工作，由团的中央委员会作出决定，统一部署。

各级团组织的报刊和其他宣传工具，必须宣传党的路线、方针和政策，宣传团的上级组织和本级组织的决议与工作任务，反映青年的意见和要求。

第三章 团的中央组织

第十五条 团的全国代表大会每五年举行一次，由中央委员会召集，在特殊情况下，可以提前或延期举行。

全国代表大会代表的名额及产生办法，由中央委员会决定。

第十六条 团的全国代表大会的职权是：

（一）审查和批准中央委员会的工作报告；

（二）讨论和决定全团的工作方针、任务和有关重大事项；

（三）修改团的章程；

（四）选举中央委员会。

在全国代表大会闭会期间，中央委员会执行全国代表大会的决议，领导团的全部工作。

第十七条 团的中央委员会全体会议选举常务委员若干人，组成常务委员会；选举第一书记一人和书记若干人，组成书记处。中央委员会全体会议由常务委员会召集，每年至少举行一次。在中央委员会全体会议和常务委员会闭会期间，书记处行使中央委员会的职权。

第四章　团的地方组织、解放军和武警部队中团的组织

第十八条　团的省、自治区、直辖市的代表大会，设区的市和自治州的代表大会，县（旗）、自治县、不设区的市和市辖区的代表大会，每五年举行一次，一般在同级党的代表大会后一年内举行。

团的地方各级代表大会由同级团的委员会召集。在特殊情况下，经同级党的委员会和团的上级委员会批准，可以提前或延期举行。

第十九条　团的地方各级代表大会的职权是：

（一）审查和批准同级委员会的工作报告；

（二）讨论和决定本地区团的工作任务和有关重要事项；

（三）选举同级委员会；

（四）选举出席上一级团的代表大会的代表。

团的地方各级委员会在代表大会闭会期间，执行上级团组织的指示和同级团的代表大会的决议，领导本地方团的工作，定期向上级团的委员会报告工作。

第二十条　团的地方各级委员会全体会议选举各该级委员会的常务委员会和书记、副书记。团的地方各级委员会全体会议由常务委员会召集，每年至少举行一次。在委员会全体会议闭会期间，由常务委员会行使委员会的职权。

团的地方各级委员会的组成，必须经同级党的委员会和上级团的委员会批准。

第二十一条　中国人民解放军和中国人民武装警察部队中团的工作，是解放军和武警部队政治工作的重要组成部分，由中央军事委员会

领导。中国人民解放军和中国人民武装警察部队中团的组织，在本单位党组织的领导下，根据团的章程、《军队政治工作条例》和有关规定进行工作。

第五章 团的基层组织

第二十二条 企业、农村、机关、学校、医院、科研院所、街道社区、社会组织、人民解放军连队、人民武装警察部队中队和其他基层单位，凡是有团员三人以上的，都应当建立团的基层组织。

团的基层组织，根据工作需要和团员人数，经上级团的委员会批准，分别设立团的基层委员会、总支部委员会、支部委员会。

在基层委员会、总支部下建立支部。工作需要的，在基层委员会下也可以建立总支部。在一个支部内可以分若干个小组。

支部委员会、总支部委员会由团员大会选举产生，其中大、中学校学生支部委员会每届任期一年，其他每届任期三年。基层委员会由团员大会或代表大会选举产生，每届任期三年至五年，一般与同级党的委员会任期保持一致。

第二十三条 团的基层组织设置应从实际出发，可以不完全与党组织和行政建制对应。适应街道社区、非公有制经济组织、社会组织等单位和领域的特点，适应团员青年流动和分布聚集的特点，灵活设置团的组织。

第二十四条 团的基层组织是团的工作和活动的基本单位，应该充分发挥团结教育青年的核心作用。它的基本任务是：

（一）组织团员和青年学习马克思列宁主义、毛泽东思想、邓小平理论、“三个代表”重要思想、科学发展观、习近平新时代中国特色社会主义思想，学习党的路线、方针和政策，学习团章和团的基本知识，学习科学、文化、法律和业务。

（二）宣传、执行党和团组织的指示和决议，参与民主管理和民主监督，充分发挥团员的模范作用，积极创先争优，团结带领青年积极投身改革开放和现代化建设，为社会主义经济建设、政治建设、文化建设、社会建设、生态文明建设作贡献。

（三）教育团员和青年学习革命前辈，继承党的优良传统，发扬社会主义道德风尚，弘扬网上主旋律，树立与改革开放和社会发展相适应的新观念，自觉抵制不良倾向，坚决同各种违纪违法行为作斗争。

（四）了解和反映团员与青年的思想、要求，维护他们的权益，关心他们的学习、工作、生活和休息，开展文化、娱乐、体育活动。

（五）对要求入团的青年进行培养教育，做好经常性发展团员工作，收缴团费，办理超龄团员的离团手续。

（六）对团员进行教育、管理和服务，健全团的组织生活，落实“三会两制一课”制度，开展批评和自我批评，监督团员切实履行义务，保障团员的权利不受侵犯，表彰先进，执行团的纪律。

（七）对团员进行党的基本知识和党的历史教育，推荐优秀团员作党的发展对象；发现和培养青年中的优秀人才，推荐他们进入更重要的生产和工作岗位。

第二十五条　团支部是团的基础组织，担负直接教育团员、管理团员、监督团员和组织青年、宣传青年、凝聚青年、服务青年的职责。

第二十六条　对工作活跃、成绩显著的团的基层组织，上级团的组织应当给以奖励。

奖励分为：通报表扬，由团的中央、省、市、县级委员会和基层团委授予五四红旗团组织称号。

第六章　团的干部

第二十七条　团的干部是团的工作的骨干，必须坚定理想信念、心系广大青年、提高工作能力、锤炼优良作风。共青团要贯彻党管干部原则，坚持德才兼备、以德为先，坚持五湖四海、任人唯贤，坚持事业为上、公道正派，在“保留骨干、以资熟手”的同时，注重培养选拔优秀年轻干部，努力实现团干部队伍的革命化、年轻化、知识化、专业化，建设符合群团组织特点、充满生机活力的团干部队伍。

第二十八条 团的各级领导干部必须做到忠诚干净担当，信念坚定、为民服务、勤政务实、敢于担当、清正廉洁，做团员和青年的表率，模范地履行团员的各项义务，刻苦学习、勤奋工作、勇于创造、自觉奉献，做党放心、青年满意的干部。

（一）政治上要坚强。具有相应的马克思列宁主义、毛泽东思想、邓小平理论、“三个代表”重要思想、科学发展观的水平，带头贯彻落实习近平新时代中国特色社会主义思想，高扬理想旗帜，坚持讲学习、讲政治、讲正气，坚决执行党的基本路线和各项方针政策，立志改革开放，献身社会主义现代化建设事业。

（二）学习要刻苦。带头学习政治、经济、文化、历史、法律、科学技术和现代管理知识，向书本学习，向实践学习，向青年学习，努力提高青年群众工作本领，不断提高思想政策水平和实际工作能力。

（三）工作要勤奋。有强烈的革命事业心和责任感，勤于思考，勇于创新，知难而进，积极主动地在青年中开展工作，努力做出实绩。

（四）作风要严实。朝气蓬勃，实事求是，发扬民主，敢想敢干，深入基层，调查研究，讲实话，办实事，求实效，反对形式主义、官僚主义、享乐主义和奢靡之风，带头直接联系青年，热心为青年服务，做青年的知心朋友。

（五）品德要高尚。顾全大局，公道正派，团结同志，助人为乐，诚实谦虚，清正廉洁，有自我批评精神，自觉接受团员和青年的监督。

第二十九条 团的各级组织负有协助党管理团干部的责任。要加强对团干部的选拔、培养和管理，拓宽干部来源渠道，注重在经济社会发展最需要的地方、基层一线和困难艰苦的地方锻炼干部；建立正规的培训制度，办好各级团校，突出政治培训，建设党在青年工作领域特色鲜明的政治学校；建立和健全团干部的考核、监督和问责制度；主动向有关党委和团委推荐下级或同级团组织负责人人选，对团干部的调动提出建议。

团的各级组织要关心团干部的工作、学习、生活和休息，努力帮助他们解决实际问题，积极为他们的成长和转业创造条件。

对工作有显著成绩的团干部，团的组织应当给以表扬和奖励。

第三十条　团干部要认真了解党组织工作全局，主动汇报团的工作情况，积极负责地发表意见，结合团的工作实际，创造性地完成党组织交给的任务。

第七章　团的纪律

第三十一条　团的纪律是团的各级组织和全体团员必须遵守的行为规则，是维护团在党领导下的团结统一、完成党赋予的职责使命的保证。团组织必须严格执行和维护团的纪律，共青团员必须自觉接受团的纪律的约束。

第三十二条　对于违反团的纪律的团员，团的组织应当本着惩前毖后、治病救人的精神，进行批评和帮助，情节严重的，给以纪律处分。

第三十三条　对团员的纪律处分有五种：警告、严重警告、撤销团内职务、留团察看、开除团籍。

留团察看的时间为六个月或一年。团员在留团察看期间没有选举权、被选举权和表决权，不得作青年入团的介绍人。留团察看期满，改正了错误的，应当及时恢复其团员的上述权利；坚持错误不改的，应当开除团籍。

第三十四条　对团员的纪律处分，一般应当经支部大会讨论通过，由其所在基层委员会报县级或者县级以上团的委员会批准；批准后，报同级党的基层委员会备案。在特殊情况下，县级和县级以上各级团的委员会有权直接决定给团员以纪律处分；涉及的问题比较重要或复杂，或对团员给以开除团籍的处分的，必须经团的省级或中央委员会批准。

第三十五条　团的组织对团员作出处分决定，必须严肃慎重，实事求是。支部大会在讨论决定对团员的处分时，除特殊情况外，应当吸收本人参加，认真听取本人的意见；决定后本人不服的，可以提出申诉，有关团组织必须负责处理或者迅速转递，不得扣压；对于确属坚持错误意见和无理要求的人，要给以批评教育。

第三十六条　团组织在维护团的纪律方面失职的，上级团的委员会应当对其问责。

第八章　团旗、团徽、团歌

第三十七条　中国共产主义青年团团旗旗面为红色，象征革命胜利；左上角缀黄色五角星，周围环绕黄色圆圈，象征中国青年一代紧密团结在中国共产党周围。

第三十八条　中国共产主义青年团团徽的内容为团旗、齿轮、麦穗、初升的太阳及其光芒，写有“中国共青团”五字的绶带。它象征着共青团在马克思列宁主义、毛泽东思想的光辉照耀下，团结各族青年，朝着党所指引的方向奋勇前进。

第三十九条　中国共产主义青年团团歌为《光荣啊，中国共青团》。

第四十条　中国共产主义青年团的团旗、团徽、团歌是中国共产主义青年团的象征和标志。要按照规定制作和使用团旗、团徽、团歌。

第九章　团的经费

第四十一条　团的经费来源主要是：团员交纳的团费、党和政府以及企事业单位关于青少年事业的经费和团的工作经费、正当的社会资助和团组织的其它合法收入。

第四十二条　团费的交纳和管理使用办法由中央委员会统一规定。

第十章　团同少年先锋队的关系

第四十三条　中国少年先锋队是中国少年儿童的群团组织，是少年儿童学习中国特色社会主义和共产主义的学校，是建设社会主义和共产主义的预备队。共青团要履行好全团带队政治责任，健全少先队组织的各级工作机构，加强少先队组织建设，支持少先队创造性地开展组织教育、自主教育、实践教育，保护和关心少年儿童的成长，坚持以社会主义思想和共产主义精神教育少年儿童，引导他们听党的话，好好学习，天天向上，从小学习做人、从小学习立志、从小学习创造，爱祖国，爱人民，爱劳动，爱科学，爱社会主义，锻炼身体，培养能力，学习和实践社会主义核心价值观，努力成长为担当民族复兴大任的时代新人，做共产主义事业的接班人。

中学共青团组织应加强对少先队员入团前的培养教育，少先队组织应积极推荐优秀少先队员作团的发展对象。

第四十四条　团的组织选派优秀团员或者聘请思想进步、作风正派、知识丰富、热爱少年儿童的教师、先进人物以及其他人员，担任少年先锋队的辅导员，并从思想上、工作上、生活上关心他们，帮助他们不断提高政治和业务水平。对有显著成绩的辅导员和少先队工作者，应当给以表扬和奖励。